Zuhause essen wie im Spanienurlaub –

wer wünscht sich das nicht, wenn er an die Abende mit delikaten Tapas, einer Original Paella und einer Karaffe Rotwein zurückdenkt. Doch warum länger davon träumen? Mit diesen Original-Rezepten aus allen spanischen Regionen wird sich Ihr Wunsch auf höchst angenehme Art erfüllen. Und Sie werden sehen: Auch Ihre Gäste werden begeistert sein. Buen provecho – guten Appetit!

Die Farbfotos gestalteten Odette Teubner und Kerstin Mosny.

INHALT

Die spanische Küche

Wie eigentlich in jedem Land, so kann man auch in Spanien nicht von der Landesküche sprechen. Jede Region hat je nach geographischen und klimatischen Verhältnissen ihre eigenen kulinarischen Spezialitäten und besonderen Zubereitungsarten, die seit Generationen nahezu unverändert geblieben sind. Bei Reisen in die verschiedenen Landesteile wird man überrascht feststellen, wie vielseitig und abwechslungsreich die spanische Küche ist.

Kulinarische Regionen

Mit der Beschreibung aller regionalen Spezialitäten könnte man ein ganzes Buch füllen. Deshalb beschränke ich mich hier auf die wichtigsten und bekanntesten spanischen Regionen mit ihren typischen Gerichten.

Katalonien (Cataluña)
Hier findet man sowohl die ländliche deftige Küche, die meist sehr ölhaltig ist, als auch die etwas elegantere städtische Küche aus Barcelona und Tarragona. Typisch für diese Region sind drei Grundzubereitungsarten: Der »sofrito« (ein sehr konzentriertes Tomaten-Zwiebelmus, die »xanfaina« (geschmorte Paprikaschoten, Zucchini, Auberginen, Zwiebeln und Tomaten) und die »picada« (eine Mischung aus Mandeln, Knoblauch und Petersilie).

Balearen (Balearische Inseln)
Die Küche dieser Inseln ist beeinflußt von der Küche aus Valencia und aus Katalonien. Besonders beliebt sind Fischgerichte in allen möglichen Variationen, zum Beispiel die »Fischsuppe a la menorquina« oder die »torta de sardinas«, eine Art Sardinenpizza.

Andalusien
Das wohl bekannteste Gericht dieser Gegend ist der »gazpacho«, eine kalte Tomatensuppe, die gerne im Sommer gegessen wird. Andalusien bietet eine abwechslungsreiche, attraktive Küche, nicht nur an der Küste, sondern vor allem in den Städten wie Granada, Cordoba und Sevilla.

Valencia
Die Araber brachten den Reis in diese Gegend und er prägt bis heute die regionale Küche. Das berühmteste Reisgericht ist zweifellos die »Paella valenciana«, die es mittlerweile in zahlreichen Varianten im ganzen Land gibt.

Madrid
Für die meisten Spanier ist die Madrider Küche die beste des ganzen Landes. Charakteristisch für diese Region sind deftige Eintöpfe mit Fleisch, Gemüse und Innereien. Typische Gerichte sind die »tortilla a la española« und »callos a la madrileña« (Kutteln nach Madrider Art).

Baskenland
Für mich persönlich ist dies die beste spanische Küche, da sie besonders leicht und abwechslungsreich ist. Sehr zu empfehlen sind die Gerichte mit Fisch und Meeresfrüchten, zum Beispiel »bacalao a la viscaina« (Klippfisch mit getrockneten Paprikaschoten) und »merluza en salsa verde« (Seehecht mit grüner Sauce).

Fangfrische Fische und Meeresfrüchte, direkt vom Fischer gekauft, sind für viele spanische Hausfrauen eine Selbstverständlichkeit. Je nach Region und Jahreszeit variieren die Fischarten, doch zu einem typischen Menü gehören die Früchte des Meeres allemal.

Knoblauchliebhaber werden an der spanischen Küche ihre wahre Freude haben, da die aromatischen Knollen gerne, reichlich und häufig verwendet werden.

Historische Einflüsse

Doch trotz aller regionalen Unterschiede gibt es auch nationale Gemeinsamkeiten in der spanischen Küche. Man hält, besonders in ländlichen Gegenden, an Küchentraditionen fest. In den Familien wird seit Jahrhunderten auf die gleiche Art gekocht. Deshalb lohnt es sich, einen kurzen Blick auf die iberische Küchengeschichte zu werfen.
Die Einflüsse fremder Kulturen lassen sich bis zur römischen Herrschaft unter Julius Caesar zurückverfolgen. Die Römer brachten zwei wichtige Nahrungsmittel nach Spanien: das Olivenöl und den Knoblauch. Bereits damals wußte man die wohltuenden Eigenschaften dieser beiden Zutaten zu schätzen, die für die spanische Küche bald unentbehrlich wurden. Die Römer liebten deftige und kräftig gewürzte Speisen, die lange geschmort wurden – auch diese Tradition ist noch in unseren Tagen spürbar. Die Invasion durch die Araber brachte neue Gewürze nach Spanien, den Safran, den Zimt und die Muskatnuß. Die Muselmanen führten auch bisher unbekannte Gemüsesorten ein: die Artischocke und die »nabos«, kleine weiße Rüben, die durch Kreuzungen von Kohlarten mit großen Rüben entstanden. Auch die Kreuzzüge der Spanier und ihre weltweiten Eroberungen wirkten sich kulinarisch aus: Aus der »Neuen Welt«, aus Amerika, kam etwa die Schokolade nach Spanien, die nicht nur für Getränke oder Süßspeisen, sondern auch für pikante Saucen verwendet wird. Zu den historischen Einflüssen gesellen sich die der Nachbarländer. Zum Beispiel in Katalonien, wo die südfranzösische Küche deutliche Spuren hinterlassen hat. Im Norden spürt man – vor allem in der Fischküche – das französische Baskenland. An der portugiesischen Grenze findet man Einflüsse dieses Nachbarn und auf den kanarischen Inseln wird man von Südamerika inspiriert.

Spanische Eßgewohnheiten

Wie in allen südlichen Ländern, so fällt auch in Spanien das Frühstück meist recht bescheiden aus. Man trinkt Kaffee oder heiße Schokolade, dazu ißt man gerne Gebäck. Wer körperlich arbeitet, erlaubt sich gegen 11 Uhr ein etwas opulenteres zweites Frühstück, bei dem es gebratene Würste, eine Tortilla oder eine Pastete gibt. Die »comida«, das Mittagessen, wird sehr spät, meist zwischen 14 und 15 Uhr eingenommen. Es besteht häufig aus einem Salat mit Gemüse, Fleisch oder Wurst, einer Suppe oder einem Eintopf. Der frühe Abend ist die Stunde der »tapas«, der kleinen Häppchen mit Oliven, Wurst oder Meeresfrüchten, die man in jeder Bar bekommt. Die eigentliche Hauptmahlzeit des Tages, für die sich die Spanier dann auch mehrere Stunden Zeit nehmen, ist die »cena«, das Abendessen, zu dem man sich gegen 22 Uhr versammelt.

Eine typische »cena«

Am Anfang stehen kleine Appetitmacher: Tapas, Salate, Wurst oder Schinken. Dann folgt eine meist recht nahrhafte Vorspeise, zum Beispiel eine Tortilla oder eine Paella. Als nächstes ißt man – je nach Region – ein Fisch- oder Fleischgericht oder eine Platte mit gebratenem Geflügel oder Kaninchen. Dazwischen oder danach werden gerne kleinere Gerichte, beispielsweise Schnecken, serviert. Anschließend gibt es Käse oder Obst, danach ein Dessert oder einen Kuchen. Besonders beliebt sind die »crema catalana« und der »flan«, ein Eierpudding mit Karamelsauce. Den Abschluß bildet schließlich starker schwarzer Kaffee, der je nach persönlicher Vorliebe, von einem Cognac begleitet wird.

In solchen Holzfässern lagert der spanische »Jerez« oder Sherry, bis er seinen unvergleichlichen Geschmack gewonnen hat.

Was man zum Essen trinkt

Überhaupt spielen die Getränke in der spanischen Küche eine wichtige Rolle. Zu den Tapas trinkt man gerne ein Glas Sherry – am liebsten in einer Bar, beim Gespräch mit Freunden oder Bekannten. Zur Vorspeise wird meist ein trockener Weißwein serviert, dem je nach Bestandteil des Hauptgerichts Rosé- oder Rotwein folgen. Die bekanntesten und besten spanischen Weine stammen aus dem Riojagebiet und aus Navarra. In früheren Zeiten war der Süßwein aus Malaga sehr beliebt, den man heute vorwiegend für Desserts verwendet. Gerne wird auch Bier getrunken, vor allem zu deftigen Eintöpfen und Fleischgerichten.

Feste und Feiertage

An Sonn- und Feiertagen gewinnt das Essen mit der ganzen Familie eine ganz besondere Bedeutung. Je nach Gegend gibt es für bestimmte Feste wie Ostern, Weihnachten und Neujahr, typische traditionelle Gerichte. Am Karfreitag wird fast

Oliven und Olivenöl spielen in der spanischen Küche – wie in allen Mittelmeerküchen – eine herausragende Rolle. Deshalb ist es besonders wichtig, auf wirklich gute Qualität zu achten.

überall »bacalao«, gesalzener und getrockneter Kabeljau, mit Paprikaschoten und Tomaten gegessen. Besonders festlich wird das Weihnachtsfest verbracht. Am 24. Dezember wird abends gefastet, es gibt nur ein bescheidenes Mahl, das meist aus Fisch besteht. Dafür wird am darauffolgenden Tag der Tisch um so mehr beladen. Zu einem typischen Weihnachtsessen in Katalonien gehört beispielsweise die »escudella«, ein sehr reichhaltiger Pot-au-feu aus verschiedenen Fleischsorten, Blutwurst und Gemüse. Tradition hat auch der nächste Gang, der meist aus Geflügel (Hähnchen, Ente oder Kapaun) besteht, das mit Dörrfrüchten, Kastanien, kleinen Bratwürsten und Pinienkernen gefüllt wird. Der süße Abschluß besteht aus »turròn«, einem üppigen Dessert mit Nougat.

Spanisch kochen in Deutschland

In den vergangenen 25 Jahren habe ich jedes Jahr ein bis zwei Monate in Spanien verbracht und wurde häufig von Einheimischen zum Essen eingeladen. So lernte ich im Laufe der Zeit die verschiedensten regionalen Küchen kennen und konnte unzählige Originalrezepte sammeln. Damit Sie diese authentischen Rezepte problemlos nachkochen können, habe ich mich bemüht, nur Zutaten zu verwenden, die auch bei uns in gut sortierten Lebensmittelgeschäften oder Feinkostläden erhältlich sind. Bei ausgefalleneren Zutaten, die hier nur schwer zu finden sind, wurden Alternativen angegeben. Außerdem habe ich viele Rezepte etwas »verschlankt« und die Ölmenge unserem Geschmack entsprechend reduziert. Noch weniger Öl sollten Sie jedoch nicht verwenden, weil die Gerichte sonst leicht ihren typischen Geschmack verlieren. Auch die Garzeiten habe ich zum Vorteil vieler Gerichte – vor allem mit Gemüse – verkürzt. Allerdings kann man kurze Garzeiten nicht für alle Speisen empfehlen. Bestimmte Spezialitäten, zum Beispiel Schmorgerichte, Suppen und Eintöpfe, müssen so lange gekocht werden, damit sich die Aromen der einzelnen Zutaten richtig vereinen.

Buen provecho!

Soviel zur spanischen Küche. Und nun kann ich Ihnen nur noch eines wünschen: Guten Appetit oder »Buon provecho«, wie man in Spanien sagt!

Marinierte Sardellen

Boquerones al vinagre

Zutaten für 8 Personen:
400 g küchenfertige, frische Sardellen
200 ccm Weißweinessig
Salz
schwarzer Pfeffer, frisch gemahlen
2 Knoblauchzehen
1 Bund Petersilie
2 Eßl. Olivenöl, kaltgepreßt
Zahnstocher

Gelingt leicht

Pro Portion etwa:
860 kJ/200 kcal
21 g Eiweiß · 15 g Fett
2 g Kohlenhydrate

- Zubereitungszeit: etwa 12 1/2 Stunden (davon 12 Stunden Marinierzeit)

1. Die Sardellen waschen und trockentupfen. Mit einem scharfen Messer längs vom Schwanz bis zum Kopf aufschneiden. Die Schwanzflosse vorsichtig in Richtung Kopf ziehen und dabei die Mittelgräte lösen. Die Sardellenfilets nochmals kurz waschen und trockentupfen.

2. Die Sardellenfilets in eine Schüssel – in Spanien verwendet man Steinguttöpfchen – geben und mit dem Essig übergießen. Zugedeckt etwa 12 Stunden marinieren lassen.

3. Die Sardellen vor dem Servieren auf Küchenkrepp gut abtropfen lassen, dann in Portionsschälchen anrichten und mit etwas Salz und Pfeffer abschmecken.

4. Den Knoblauch schälen, sehr fein hacken, mit der gewaschenen und gehackten Petersilie mischen und über den Sardellen verteilen. Die Fische mit dem Olivenöl beträufeln und mit Zahnstochern zum Aufpicken servieren.

Tip!

Noch würziger schmecken die Sardellen, wenn Sie ein kleines Stück rote, scharfe Pfefferschote oder verschiedene Kräuter dazugeben.

Tomatenbrot mit Sardellenfilets

Pan y tomate con anchoas

Zutaten für 4 Personen:
4 kleine Tomaten
4 Knoblauchzehen
4–8 Scheiben Stangenweißbrot (je nach Größe)
Salz
schwarzer Pfeffer, frisch gemahlen
3–4 Eßl. Olivenöl, kaltgepreßt
12 Sardellenfilets
12 grüne Oliven, mit Paprika gefüllt

Schnell

Pro Portion etwa:
1500 kJ/360 kcal
11 g Eiweiß · 25 g Fett
26 g Kohlenhydrate

- Zubereitungszeit: etwa 15 Minuten

1. Die Tomaten mit kochendheißem Wasser überbrühen und kurz darin ziehen lassen. Dann häuten, halbieren und den Saft mit den Kernen entfernen. Das Tomatenfleisch mit einer Gabel zerdrücken.

2. Den Knoblauch schälen, durch die Presse drücken und zu den Tomaten geben.

3. Die Weißbrotscheiben hellbraun toasten.

4. Das Tomaten-Knoblauch-Mus auf den Toastscheiben verteilen, mit etwas Salz und Pfeffer würzen und mit dem Olivenöl beträufeln.

5. Die Sardellenfilets gut abtropfen lassen. Die Filets ringförmig auf den Brotscheiben verteilen und in die Mitte je eine Olive legen.

Variante:
Sie können die Tomatenbrötchen auch mit einer dünnen Scheibe Rohschinken (Jamón serrano) oder mit Knoblauch-Paprikawurst (Chorizo) belegen. Oder Sie nehmen anstelle von Weißbrot dunkles Bauernbrot.

Bild oben: Marinierte Sardellen
Bild unten: Tomatenbrot mit Sardellenfilets

Thunfisch mit Tomaten und Paprikaschote

Pimientó, tomate y atún

Zutaten für 4 Personen:
1 grüne Paprikaschote
4 reife Tomaten
6 Eßl. Olivenöl, kaltgepreßt
2 Eßl. Pinienkerne
1 Teel. Zucker
Salz
200 g Thunfisch in Öl (Nettogewicht)

Raffiniert

Pro Portion etwa:
2100 kJ/500 kcal
13 g Eiweiß · 45 g Fett
7 g Kohlenhydrate

- Zubereitungszeit: etwa 45 Minuten

1. Die Paprikaschote waschen, halbieren, Kerne und weiße Rippen entfernen. Die Schote in etwa 2 cm große Würfel schneiden.

2. Die Tomaten kurz in kochendheißes Wasser tauchen, dann häuten und ebenfalls würfeln.

3. 1 Eßlöffel von dem Olivenöl in einer Pfanne erhitzen. Die Pinienkerne dazugeben und unter Rühren bei schwacher Hitze hellgelb rösten. Die Kerne aus der Pfanne nehmen und beiseite stellen.

4. Das restliche Olivenöl in die Pfanne geben und die gehackte Paprikaschote kurz braten, dann die Tomaten dazugeben.

5. Das Gemüse bei schwacher Hitze etwa 15 Minuten dünsten, bis der ausgetretene Saft verdampft ist. Dann mit dem Zucker und etwas Salz abschmecken.

6. Den Thunfisch gut abtropfen lassen, zum Gemüse geben und etwa 3 Minuten mitdünsten. Die Vorspeise anrichten und mit den Pinienkernen bestreuen.

Zitronenkartoffeln

Patatas al limón

Zutaten für 4 Personen:
800 g kleine Kartoffeln
Salz
2 Zitronen
1 Eßl. Essig
2 Eßl. Fleischbrühe
1 Eßl. Cognac (oder zusätzlich
1 Eßl. Fleischbrühe)
1 Bund Petersilie
schwarzer Pfeffer, frisch gemahlen
8 Knoblauchzehen
6 Eßl. Olivenöl, kaltgepreßt

Braucht etwas Zeit

Pro Portion etwa:
2000 kJ/480 kcal
6 g Eiweiß · 30 g Fett
41 g Kohlenhydrate

- Zubereitungszeit: etwa 50 Minuten

1. Die Kartoffeln unter fließendem Wasser bürsten, dann mit der Schale in wenig Salzwasser zugedeckt etwa 25 Minuten garen.

2. Die Kartoffeln abgießen, etwas abkühlen lassen und schälen. Noch lauwarm in etwa 2 cm dicke Scheiben schneiden.

3. Die Zitronen auspressen. Den Saft in eine Schüssel geben und mit dem Essig, der Fleischbrühe und dem Cognac mischen. Die Petersilie waschen, trockenschütteln, hacken und unterrühren. Alles mit Salz und Pfeffer abschmecken.

4. Den Knoblauch schälen, hacken, mit dem Olivenöl zur Zitronensauce geben und mit dem Schneebesen gut durchrühren.

5. Die Sauce über die noch lauwarmen Kartoffeln gießen und die Vorspeise servieren.

Tip!

Anstelle des Knoblauchs können Sie auch gehackte Zwiebeln oder Schalotten nehmen.

Im Bild oben: Thunfisch mit Tomaten und Paprikaschote
Im Bild unten: Zitronenkartoffeln

Pikante Fleischkugeln

Albondigas

Zutaten für 8 Personen:
2 große Zwiebeln
4 Eßl. Olivenöl, kaltgepreßt
600 g gemischtes Hackfleisch (je 300 g vom Rind und Kalb oder vom Schwein)
2 Eßl. Paniermehl
3 große Eier
Salz
schwarzer Pfeffer, frisch gemahlen
Mehl für die Arbeitsfläche
Öl zum Fritieren

Gelingt leicht

Pro Portion etwa:
1700 kJ/405 kcal
20 g Eiweiß · 31 g Fett
11 g Kohlenhydrate

- Zubereitungszeit: etwa 50 Minuten

1. Die Zwiebeln schälen und hacken. 2 Eßlöffel von dem Olivenöl in einer großen Pfanne erhitzen und die Zwiebeln darin weich braten.

2. Die gebratenen Zwiebeln mit dem Hackfleisch, dem Paniermehl und 1 Ei gut mischen. Die Masse mit etwas Salz und Pfeffer abschmecken, zu einer Kugel formen und etwa 30 Minuten zugedeckt ruhen lassen.

3. Von der Hackfleischmasse kleine Portionen abstechen, auf eine bemehlte Arbeitsfläche legen und mit bemehlten Händen Kugeln von etwa 2 1/2 cm Durchmesser formen.

4. Die Fleischkugeln durch ein Sieb mit dem Mehl bestreuen. In einer Schüssel die restlichen Eier verquirlen und die Hackfleischkugeln durch die Eier ziehen. Die Fleischbällchen portionsweise im restlichen heißen Öl in etwa 5 Minuten goldbraun ausbacken.

Hähnchen-kroketten

Croquetas de pollo

Zutaten für 4 Personen:
1 große Zwiebel
50 g Schweineschmalz
50 g gekochter Schinken
250 g gebratenes oder gekochtes Hähnchenfleisch ohne Knochen
4 Eßl. Mehl
300 ccm Milch
Salz
schwarzer Pfeffer, frisch gemahlen
2 Prisen Muskatnuß
50 g Butter
100 g Crackers oder Paniermehl
2 Eier
4 Eßl. Erdnußöl

Raffiniert

Pro Portion etwa:
3300 kJ/790 kcal
27 g Eiweiß · 58 g Fett
38 g Kohlenhydrate

- Zubereitungszeit: etwa 2 3/4 Stunden (davon 2 Stunden Kühlzeit)

1. Die Zwiebel schälen und feinhacken. Das Schweineschmalz erhitzen und die Zwiebel darin kurz anbraten.

2. Den Schinken und das Hähnchenfleisch hacken oder durch den Fleischwolf drehen. Zu den Zwiebeln geben und etwa 3 Minuten mitbraten.

3. Die Hühnermasse mit dem Mehl bestäuben und umrühren, dann mit der Milch ablöschen. Ständig rühren, bis eine feste Masse entstanden ist. Eventuell etwas Milch hinzufügen.

4. Die Pfanne vom Herd nehmen und die Masse mit etwas Salz, Pfeffer und der Muskatnuß abschmecken. Die Butter in kleine Stückchen schneiden und untermischen. Erkalten lassen und für etwa 2 Stunden in den Kühlschrank stellen.

5. Die Crackers mit einem Fleischklopfer zerstoßen und in einen flachen Teller geben. Die Eier ebenfalls in einem flachen Teller verquirlen.

6. Aus der gekühlten Masse kleine Kugeln oder längliche Kroketten formen. Diese zuerst in den Eiern und dann in den Crackern wenden.

7. In einer Pfanne das Öl erhitzen. Die Kroketten von allen Seiten in etwa 5 Minuten goldgelb ausbacken.

Bild oben: Hähnchenkroketten
Bild unten: Pikante Fleischkugeln

Salat aus gekochtem Gemüse

Escalivada

Der Name dieses Salates ist von »escalivar« (auf glühender Asche schmoren) abgeleitet. Diese Zubereitungsart gibt der Escalivada ihren besonderen Geschmack. Man kann sie aber auch im Backofen schmoren.

Zutaten für 4 Personen:
2 große Auberginen
4 rote Paprikaschoten
Salz
6 Eßl. Olivenöl, kaltgepreßt
2 Knoblauchzehen

Braucht etwas Zeit

Pro Portion etwa:
1400 kJ/330 kcal
3 g Eiweiß · 30 g Fett
9 g Kohlenhydrate

- Zubereitungszeit: etwa 1 1/4 Stunden

1. Die Auberginen und die Paprikaschoten über der Glut von Holzkohle oder im Backofen bei 180° schmoren lassen, bis die Haut braune Flecken bekommt.

2. Das Gemüse in eine Schüssel legen, zudecken und etwa 15 Minuten stehen lassen.

3. Die Paprikaschoten schälen, halbieren, entkernen und in etwa 3 cm breite Streifen schneiden. Die Auberginen ebenfalls schälen und der Länge nach in etwa 2 cm dicke Scheiben schneiden.

4. Die Paprikastreifen und die Auberginenscheiben in eine flache Schüssel geben, mit etwas Salz bestreuen und mit dem Olivenöl übergießen. Die Knoblauchzehen schälen, fein hakken und auf dem Gemüse verteilen.

Variante:
Sie können das Gemüse auch mit Kartoffeln und Zwiebeln mischen. Dafür dünne Kartoffelscheiben und Zwiebelstreifen in Olivenöl dünsten und vor dem Servieren unter die fertigen Paprikaschoten und Auberginen mischen.

Gemischter Salat

Ensalada mista

In Spanien wird Salat immer ohne Sauce serviert. Jeder macht sich seine Portion selbst am Tisch an.

Zutaten für 4 Personen:
4 Frühlingszwiebeln
1 Stangensellerie
3 Tomaten
1 rote Paprikaschote
1 Kopfsalat
2 hartgekochte Eier
8 schwarze Oliven
2–3 Artischockenherzen aus dem Glas
Weinessig
Olivenöl, kaltgepreßt
Salz
schwarzer Pfeffer, aus der Mühle

Gelingt leicht

Pro Portion etwa:
850 kJ/200 kcal
8 g Eiweiß · 13 g Fett
13 g Kohlenhydrate

- Zubereitungszeit: etwa 15 Minuten

1. Die Frühlingszwiebeln und den Sellerie waschen, putzen und in Ringe schneiden. Die Tomaten waschen, die Stielansätze entfernen und die Tomaten in etwa 1 cm dicke Scheiben schneiden.

2. Die Paprikaschote waschen, halbieren und entkernen. Die Hälften in Streifen schneiden. Den Kopfsalat waschen und trockenschütteln. Die Eier schälen und halbieren.

3. Die Tomatenscheiben, die Salatblätter, die Paprikaschoten, die Frühlingszwiebeln, den Sellerie, die Oliven und die Eihälften portionsweise anrichten. Die Artischockenherzen abtropfen lassen, halbieren und die Salatportionen damit garnieren.

4. Den Weinessig, das Olivenöl, Salz und Pfeffer mit dem Salat an den Tisch bringen.

Im Bild oben: Salat aus gekochtem Gemüse
Im Bild unten: Gemischter Salat

Seeteufelsuppe

Sopa de rape

Das Rezept für diese Fischsuppe stammt aus Katalonien.

Zutaten für 4 Personen:
Für den Fischsud:
500 g Fischgräten und -köpfe
1 Zweig Sellerieblätter
1 Lorbeerblatt
je 1/2 Teel. getrockneter Thymian und Oregano
500 g küchenfertiger Seeteufel (ohne Gräten und Haut)
2 Eßl. schwarze Pfefferkörner
Für die Suppe:
200 g Weißbrot
1 große Zwiebel
3 große reife Tomaten
2 Knoblauchzehen
6 Eßl. Olivenöl, kaltgepreßt
10 geschälte Mandeln
1 Prise Safran
Salz
schwarzer Pfeffer, frisch gemahlen
1 Prise Zimt

Raffiniert

Pro Portion etwa:
3200 kJ/760 kcal
41 g Eiweiß · 40 g Fett
57 g Kohlenhydrate

- Zubereitungszeit: etwa 1 Stunde

1. Die Fischgräten und -köpfe mit dem Sellerie, den Gewürzen und 200 g von dem Seeteufel in einen Topf geben. Die Pfefferkörner zerdrücken und dazugeben. Mit 1 l Wasser zum Kochen bringen und zugedeckt etwa 15 Minuten kochen. 100 g von dem Weißbrot würfeln, in eine Tasse geben und mit etwas Sud begießen.

2. Die Zwiebel schälen und hacken. Die Tomaten kochendheiß überbrühen, häuten, halbieren und die Stielansätze entfernen. Die Tomaten würfeln. Den Knoblauch schälen. 2 Eßlöffel von dem Olivenöl erhitzen. Die Zwiebel, 1 durchgepreßte Knoblauchzehe und die Tomaten darin etwa 10 Minuten bei mittlerer Hitze braten.

3. Die Mandeln in einer Pfanne ohne Fett bei mittlerer Hitze unter ständigem Wenden rösten, bis sie angenehm zu duften beginnen. Aus der Pfanne nehmen und im Mörser zerdrücken oder im Blitzhacker zerkleinern.

4. Die restliche Knoblauchzehe kleinschneiden und mit dem Safran zu den Mandeln geben. Alles zu einer feinen Paste zerstoßen und 1–2 Eßlöffel von dem Fischsud unterrühren.

5. Den Fischsud durch ein feines Sieb gießen. Die Fischgräten und -köpfe wegwerfen.

6. Den mitgekochten Seeteufel mit dem eingeweichten Brot und wenig Sud im Mixer pürieren. Das Tomatenmus unterrühren und kurz mitmixen. Die Masse mit dem restlichen passierten Sud noch einmal aufkochen lassen. Die Mandelmischung dazugeben und alles etwa 10 Minuten kochen.

7. Den restlichen Seeteufel in kleine Würfel schneiden und in 1 Eßlöffel Olivenöl etwa 5 Minuten marinieren. Inzwischen das restliche Weißbrot klein würfeln und im restlichen Olivenöl bei mittlerer Hitze goldgelb rösten. Die Suppe mit Salz, Pfeffer und dem Zimt abschmecken.

8. Die Fischstücke in die Suppe geben und bei schwacher Hitze etwa 5 Minuten ziehen lassen. Die Fischsuppe portionsweise anrichten und mit den Brotwürfelchen servieren.

Variante:
In Andalusien gibt man dieser Suppe Reis bei und würzt sie zusätzlich mit etwas Paprika.

Tip!

In Spanien wird meist der große fleischige Kopf des Seeteufels im Sud mitgekocht und danach durch ein feines Sieb gestrichen und zur Suppe gegeben. Weil der Kopf bei uns selten erhältlich ist, habe ich ihn durch Seeteufelfleisch ersetzt. Sie können zum Durchpassieren auch einen preiswerteren Fisch, zum Beispiel Kabeljau, verwenden.

Zwiebelsuppe

Sopa de cebolla

Zutaten für 4 Personen:
1,2 kg Zwiebeln
50 g Schweineschmalz
1,2 l Fleischbrühe
2 Eßl. Cognac
Salz
schwarzer Pfeffer, frisch gemahlen

Gelingt leicht

Pro Portion etwa:
1000 kJ/240 kcal
5 g Eiweiß · 15 g Fett
20 g Kohlenhydrate

• Zubereitungszeit: etwa 1 Stunde

1. Die Zwiebeln schälen, halbieren und in feine Streifen schneiden.

2. Das Schweineschmalz in einem großen Topf erhitzen und die Zwiebeln darin bei mittlerer Hitze etwa 3 Minuten anbraten, bis sie etwas Farbe angenommen haben.

3. Die Fleischbrühe zu den Zwiebeln gießen und einmal aufkochen lassen. Den Topf zudecken und die Suppe bei schwacher Hitze etwa 20 Minuten köcheln lassen.

4. Die Zwiebelsuppe durch ein feines Sieb streichen oder im Mixer pürieren. Die Suppe mit dem Cognac, etwas Salz und Pfeffer abschmecken, erneut aufsetzen und weitere 20 Minuten köcheln lassen.

Fischsuppe aus Menorca

Caldera menorquina

Zutaten für 4 Personen:
1 große Zwiebel
3 Tomaten
3 Knoblauchzehen
1 kg Fische, zum Beispiel Seeteufel oder Brasse (beim Fischhändler vorbereiten und filetieren lassen)
3/4 l Wasser
3 Eßl. Olivenöl, kaltgepreßt
8 dünne Weißbrotscheiben
Salz
1 Teel. Paprikapulver, edelsüß
1/2 Bund Petersilie

Läßt sich gut vorbereiten

• Zubereitungszeit: etwa 40 Minuten

1. Die Zwiebel schälen und kleinschneiden. Die Tomaten waschen, vierteln und die Stielansätze entfernen. Den Knoblauch schälen und in Scheiben schneiden. Alles zusammen in einen hohen Topf geben.

2. Die Fische waschen und in etwa 3 cm große Stücke schneiden. Die Fischstücke ebenfalls in den Topf geben.

3. Die Zutaten im Topf mit dem Wasser und dem Olivenöl begießen. Die Fischstücke sollen von der Flüssigkeit bedeckt sein, sonst eventuell noch etwas Wasser hinzufügen. Die Suppe zum Kochen bringen, dann die Hitze reduzieren. Zugedeckt etwa 20 Minuten ziehen lassen, bis die Fische gar sind.

4. Inzwischen die Weißbrotscheiben toasten und portionsweise in Suppentellern verteilen. Die gegarten Fischstücke aus der Suppe nehmen und warm stellen. Die Fischbrühe zum Kochen bringen und mit Salz und dem Paprika würzen. Die Petersilie waschen, hacken und dazugeben. Die Suppe auf die Brotscheiben gießen und servieren. Die Fischstücke separat dazu reichen. Oder die Fischfilets vor dem Servieren erneut in der Suppe erwärmen und darin servieren.

Tip!

Wenn Sie verschiedene Fischsorten für die Suppe verwenden, beachten Sie bitte, daß diese unterschiedliche Garzeiten haben können. Die Fische deshalb – je nach Garzeit – nacheinander in die Suppe geben.

Im Bild oben: Zwiebelsuppe
Im Bild unten: Fischsuppe aus Menorca

Kichererbsen-eintopf

Cocido de garbanzos

Zutaten für 4 Personen:
400 g Kichererbsen
Salz
1 Schinkenknochen (von geräuchertem Schinken) oder 200 g Bauchspeck
1 Schweinsohr und 1 Schweinsschwänzchen (beim Metzger vorbestellen)
3 große Kartoffeln

Braucht etwas Zeit

Pro Portion etwa:
2800 kJ/670 kcal
36 g Eiweiß · 34 g Fett
56 g Kohlenhydrate

- Zubereitungszeit: etwa 14 Stunden (davon 12 Stunden Quellzeit)

1. Am Vorabend die Kichererbsen in eine Schüssel geben, wenig salzen und mit etwa 1 1/2 l Wasser begießen.

2. Am nächsten Tag die Kichererbsen im Einweichwasser zum Kochen bringen. Den Schinkenknochen, das Schweinsohr und -schwänzchen dazugeben und alles zugedeckt bei mittlerer Hitze etwa 60–80 Minuten kochen. Nach Bedarf heißes Wasser nachgießen.

3. Die Kartoffeln waschen, schälen und würfeln. Zu den Kichererbsen geben, wenn diese fast weichgekocht sind. Den Kichererbseneintopf dann in etwa 30 Minuten fertigkochen.

4. Den Schinkenknochen herausnehmen und den Eintopf servieren.

Lammeintopf mit weißen Bohnen

Cordero con judias blancas

Zutaten für 6 Personen:
400 g weiße, getrocknete Bohnen
1 l Mineralwasser, mit Kohlensäure
2 Zwiebeln
3 Knoblauchzehen
1 kleine Sellerieknolle
250 g Dosentomaten
150 g Speck, geräuchert
2 Eßl. Olivenöl, kaltgepreßt
600 g Lammfleisch aus der Schulter
1 Stange Lauch
Salz
schwarzer Pfeffer, frisch gemahlen
1 Teel. getrockneter Thymian

Braucht etwas Zeit

- Zubereitungszeit: etwa 14 1/2 Stunden (davon 12 Stunden Quellzeit)

1. Am Vorabend die Bohnen in einer Schüssel mit dem Mineralwasser übergießen.

2. Am nächsten Tag das Quellwasser abgießen, die Bohnen in einen großen Topf geben und soviel kaltes Wasser zufügen, bis die Bohnen etwa 3 cm hoch davon bedeckt sind. Das Wasser zum Kochen bringen und den dabei entstehenden Schaum mit einem Schaumlöffel abheben.

3. Die Zwiebeln und den Knoblauch schälen, den Sellerie waschen, schälen und halbieren. 1 Zwiebel, 1 Selleriehälfte, 1 Knoblauchzehe und die Tomaten mit der Flüssigkeit zu den Bohnen geben. Die Hitze reduzieren und alles zugedeckt etwa 1 Stunde garen.

4. Den Speck würfeln. In einem großen Topf das Olivenöl erhitzen. Das Lammfleisch in etwa 3 cm große Würfel schneiden und mit dem Speck in dem Öl anbraten.

5. Die restliche Zwiebel hakken und den restlichen Sellerie würfeln. Den Lauch waschen, putzen, längs vierteln und quer in 4 Stücke schneiden. Das Gemüse zum Fleisch geben und etwa 5 Minuten mitdünsten. Die restlichen Knoblauchzehen dazupressen und alles mit Salz, Pfeffer und dem Thymian würzen.

6. Die Bohnen aus dem Topf heben und auf dem Fleisch verteilen. Die Zwiebel, die Selleriehälfte und den Knoblauch entfernen. Soviel Wasser dazugießen, bis die Bohnen davon bedeckt sind. Den Lammeintopf zugedeckt bei schwacher Hitze etwa 1 Stunde garen, bis das Fleisch und die Bohnen weich sind.

Bild oben: Kichererbseneintopf
Bild unten: Lammeintopf mit weißen Bohnen

Fischtopf nach Matrosenart

Suquet de pescado

Zutaten für 4 Personen:
1 große Zwiebel
250 g Miesmuscheln
4 Scheiben Wolfsbarsch
4 Scheiben Seeteufel
4 Scampi
4 mittelgroße Garnelen (Gambas)
1/8 l Olivenöl, kaltgepreßt
1 große Tomate
3 Knoblauchzehen
Salz
schwarzer Pfeffer, frisch gemahlen
2 Teel. Paprikapulver

Raffiniert

Pro Portion etwa:
2400 kJ/560 kcal
23 g Eiweiß · 12 g Fett
16 g Kohlenhydrate

- Zubereitungszeit: etwa 35 Minuten

1. Die Zwiebel schälen und fein hacken. Die Muscheln waschen und entbarten. Die Fische und die Krustentiere kalt abspülen.

2. Das Olivenöl erhitzen. Die Krustentiere und die Zwiebel etwa 3 Minuten darin anbraten, dann die Krustentiere wieder herausnehmen.

3. Die Tomate häuten und kleinschneiden. Mit den gehackten Knoblauchzehen im Mörser zerdrücken. Das Mus zu den Zwiebeln geben, dann 3–4 Eßlöffel Wasser unterrühren. Den Fisch und die Muscheln zufügen. Nach etwa 5 Minuten die Krustentiere dazugeben, zudecken und alles weitere 3 Minuten garen. Vor dem Servieren würzen.

Fischtopf aus Barcelona

Zarzuela

Zutaten für 4 Personen:
500 g Fischgräten
2 große Zwiebeln
4 Eßl. Olivenöl, kaltgepreßt
4 große Miesmuscheln
2 kleine, küchenfertige Tintenfische
3 Eßl. Tomatenpüree
4 Knoblauchzehen
1 scharfe rote Pfefferschote
4 Scheiben Seeteufel
Salz
schwarzer Pfeffer, frisch gemahlen
1/4 l Weißwein
10 geschälte Mandeln
4 Crackers
1 Eßl. Anisschnaps
1 kleiner Zweig Rosmarin
4 Scampi · 4 Riesengarnelen
1 Bund Petersilie

Raffiniert • Etwas teurer

Pro Portion etwa:
2500 kJ/600 kcal
53 g Eiweiß · 25 g Fett
28 g Kohlenhydrate

- Zubereitungszeit: etwa 1 1/4 Stunden

1. Die Fischgräten in 1/2 l Wasser zugedeckt etwa 10 Minuten kochen. Dann herausnehmen und den Sud weitere 10 Minuten kochen.

2. Die Zwiebeln schälen und hacken. 2 Eßlöffel von dem Olivenöl erhitzen und die Zwiebeln darin etwa 5 Minuten braten. Die Muscheln waschen und entbarten. Die Tintenfische zu den Zwiebeln geben und etwa 5 Minuten garen. Das Tomatenpüree, 3 geschälte Knoblauchzehen und die kleingeschnittene Pfefferschote zugeben. Den Backofen auf 180° vorheizen.

3. Den Fisch waschen, mit etwas Salz und Pfeffer bestreuen und dazugeben. Mit dem Weißwein ablöschen, dann 1/8 l von dem Fischsud dazugießen. Alles in eine Auflaufform füllen und im Backofen (Mitte) etwa 10 Minuten garen.

4. 1 Knoblauchzehe, die Mandeln und die Crackers im Mörser zerstoßen. Je 2 Eßlöffel Olivenöl und Fischsud unter die Masse rühren. Die Pfanne aus dem Ofen nehmen und die Masse aus dem Mörser darüber geben. Mit dem Anisschnaps, dem restlichen durchgepreßten Knoblauch und dem Rosmarin abschmecken. Die Meeresfrüchte darauf verteilen.

5. Die Form erneut für etwa 15 Minuten in den Ofen stellen, bis sich die Muscheln öffnen. Den Fischtopf mit der gewaschenen und gehackten Petersilie garnieren.

Im Bild oben: Fischtopf aus Barcelona
Im Bild unten: Fischtopf nach Matrosenart

Omelette nach baskischer Art

Piperrada a la vasca

Zutaten für 4 Personen:
1 Zwiebel
je 2 grüne und 2 rote Paprikaschoten
2 große Tomaten
3 Eßl. Olivenöl, kaltgepreßt
1 Eßl. Schweineschmalz
2 Knoblauchzehen
Salz
schwarzer Pfeffer, frisch gemahlen
1 Prise Zucker
50 g Räucherspeck, durchwachsen
100 g gekochter Schinken
6 Eier

Gelingt leicht

Pro Portion etwa:
3200 kJ/700 kcal
25 g Eiweiß · 36 g Fett
14 g Kohlenhydrate

- Zubereitungszeit: etwa 30 Minuten

1. Die Zwiebel schälen und hacken. Die Paprikaschoten putzen und würfeln. Die Tomaten häuten, vierteln, entkernen und kleinschneiden.

2. In einer Pfanne das Olivenöl und das Schweineschmalz erhitzen. Die Zwiebel und die Paprika darin bei schwacher Hitze etwa 10 Minuten braten.

3. Den Knoblauch schälen, kleinschneiden und im Mörser mit 2–3 Tomatenstückchen zerstoßen. Das Mus mit den restlichen Tomaten in die Pfanne geben, etwas einkochen und abschmecken.

4. Den Speck fein hacken und in einer trockenen Pfanne braten, bis er glasig wird und Fett abgibt. Den Schinken streifig schneiden und etwa 2 Minuten mitdünsten. Die Pfanne vom Herd nehmen.

5. Die Eier schaumig schlagen, mit etwas Salz und Pfeffer abschmecken und über das Gemüse gießen. Das Speckfett auf der Omelette verteilen. Bei schwacher Hitze weiterbraten, bis die Eier fest werden. Auf der fertigen Omelette die Speck-Schinken-Mischung verteilen.

Kartoffelomelette nach spanischer Art

Tortilla de patatas a la Española

Zutaten für 4 Personen:
4 große Kartoffeln
3–4 Eßl. Olivenöl, kaltgepreßt
1 große Zwiebel
Salz
8 Eier

Preiswert

Pro Portion etwa:
2000 kJ/480 kcal
13 g Eiweiß · 39 g Fett
17 g Kohlenhydrate

- Zubereitungszeit: etwa 40 Minuten

1. Die Kartoffeln waschen, schälen und in sehr kleine Würfel schneiden. 2 Eßlöffel von dem Olivenöl in einer Pfanne erhitzen. Die Kartoffeln hinzufügen und bei mittlerer Hitze etwa 5 Minuten braten.

2. Die Zwiebel schälen und fein hacken. Mit den Kartoffeln mischen und halb zugedeckt etwa 3 Minuten garen. Die Pfanne vom Herd nehmen. Die Kartoffel-Zwiebel-Mischung in eine Schüssel geben und mit etwas Salz bestreuen.

3. Die Eier schaumig schlagen, mit Salz abschmecken und unter die Kartoffeln mischen. Das restliche Olivenöl in der Bratpfanne erhitzen. Die Eier mit den Kartoffeln in das heiße Öl geben. Sobald die Eier zu stokken beginnen, die Omelette etwas durchrühren und zu einem Kuchen formen. Wenn die Tortilla auf der Unterseite leicht angebraten ist, einen Teller aufsetzen und die Pfanne wenden. Die Tortilla wieder in die Pfanne gleiten lassen, fertigbacken und anrichten.

Variante:
1 kleine Dose Thunfisch mit einer Gabel zerzupfen und mit den Kartoffeln unter die Eier mischen. Mit Pfeffer, gehackter Petersilie und geriebenem Käse abschmecken. Die Zwiebeln durch 2 feingehackte Knoblauchzehen ersetzen.

Bild oben: Omelette nach baskischer Art
Bild unten: Kartoffelomelette nach spanischer Art

Makkaroni nach baskischer Art

Macarrones a la vasca

Zutaten für 4 Personen:
400 g Makkaroni
200 g alter Manchego (pikanter Hartkäse) oder Emmentaler
200 g Butter
schwarzer Pfeffer, frisch gemahlen

Gelingt leicht

Pro Portion etwa:
3800 kJ/900 kcal
28 g Eiweiß · 59 g Fett
67 g Kohlenhydrate

- Zubereitungszeit: etwa 45 Minuten

1. In einem großen Topf reichlich Salzwasser zum Kochen bringen. Die Makkaroni hineingeben, gut umrühren und in etwa 15 Minuten garkochen.

2. Den Käse reiben. Den Backofen auf 220° vorheizen. Eine Auflaufform mit Butter ausstreichen. Die Makkaroni abgießen.

3. Die restliche Butter würfeln. Die Makkaroni lagenweise mit Butter und Käse einfüllen. Jede Lage mit etwas Pfeffer bestreuen. Den Gratin mit einer Lage Käse abschließen. Die Makkaroni im Backofen (Mitte) etwa 15 Minuten überbacken.

Überbackene Nudelrollen

Canalones

Zutaten für 4 Personen:
125 g Kalbsbries
200 ccm Fleischbrühe
60 g Butter
125 g Schweinegeschnetzeltes
2 Zwiebeln
250 g Kalbsgeschnetzeltes
200 ccm Weißwein
2 Eßl. gemahlene Mandeln
Salz
schwarzer Pfeffer, frisch gemahlen
1 Teel. getrockneter Thymian
1 Lorbeerblatt, fein zerrieben
1 Prise Muskatnuß, frisch gerieben
25 g Mehl
1/2 l Milch
250 g Lasagneblätter
3 Eßl. geriebener Emmentaler
Butter für die Form

Braucht etwas Zeit

Pro Portion etwa:
2200 kJ/520 kcal
36 g Eiweiß · 32 g Fett
13 g Kohlenhydrate

- Zubereitungszeit: etwa 3 Stunden 20 Minuten (davon 2 Stunden zum Wässern)

1. Das Kalbsbries etwa 2 Stunden wässern, dabei das Wasser mehrmals wechseln. Das Bries in der Fleischbrühe bei schwacher Hitze etwa 15 Minuten ziehen lassen. 30 g von der Butter erhitzen. Das Schweinefleisch darin etwa 3 Minuten braten, aus der Pfanne nehmen und beiseite stellen. Die Zwiebeln schälen, hacken und im Fond hellgelb braten.

2. Das erkaltete Fleisch und das in Stücke geschnittene Bries durch die feinste Scheibe des Fleischwolfs drehen. Das Kalbsgeschnetzelte mit den Zwiebeln mischen und ebenfalls durchdrehen. Den Weißwein, die Mandeln und die Gewürze untermischen.

3. Die restliche Butter erwärmen und das Mehl unterrühren. Nach und nach die Milch zugeben und die Sauce kurz eindicken lassen.

4. In einem großen Topf die Nudeln in reichlich Salzwasser halbweich kochen, abgießen, kalt abbrausen und zum Trocknen auf ein Küchentuch legen. Den Backofen auf 180° vorheizen.

5. Die Nudeln in 10 cm lange Vierecke schneiden. Eine Auflaufform mit etwas Butter ausstreichen. Die Nudeln auslegen, mit der Fleischmasse belegen, einrollen, in die Form geben und mit der Sauce bedecken. Mit dem Käse und mit den Butterflöckchen bestreuen und im Backofen (Mitte) etwa 20 Minuten überbacken.

Bild oben: Makkaroni nach baskischer Art
Bild unten: Überbackene Nudelrollen

Paella

Zutaten für 6–8 Personen:
100 g mageres Schweinefleisch
150 g Lammbrust
6–8 kleine Tintenfische, frisch oder tiefgekühlt
400 g Miesmuscheln
1 rote Paprikaschote
1/8 l Olivenöl, kaltgepreßt
3 Knoblauchzehen
1 Hähnchen, in 6–8 Stücke geteilt
100 g kleine Bratwürstchen, zum Beispiel Nürnberger
1 große Zwiebel
400–450 g Rundkornreis
100 g grüne Bohnen, frisch oder tiefgekühlt
100 g Erbsen, frisch oder tiefgekühlt
2 Tomaten
4 Scheiben Meeral oder Seeteufel
1 Eßl. Tomatenpüree
1/2 – 3/4 l Wasser oder Fleischbrühe
6 Artischockenherzen aus der Dose
Salz
schwarzer Pfeffer, frisch gemahlen
2 Prisen Safran
6 Scampi oder Riesengarnelen

Etwas teurer • Exklusiv

Pro Portion etwa:
3300 kJ/790 kcal
67 g Eiweiß · 39 g Fett
47 g Kohlenhydrate

- Zubereitungszeit: etwa 1 1/4 Stunden

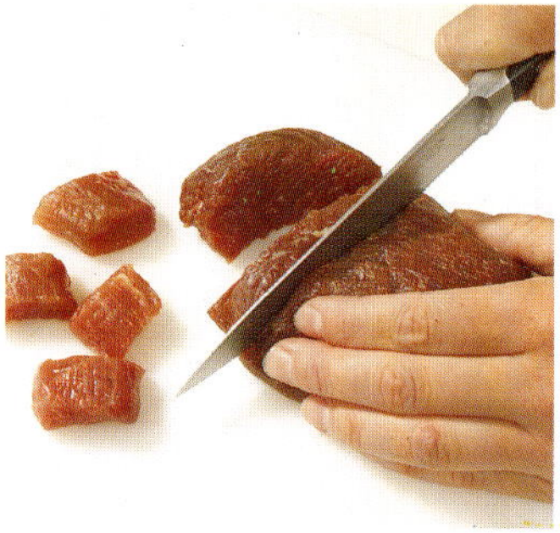

1. Das Schweinefleisch und die Lammbrust waschen, abtrocknen und in etwa 3 cm große Würfel schneiden.

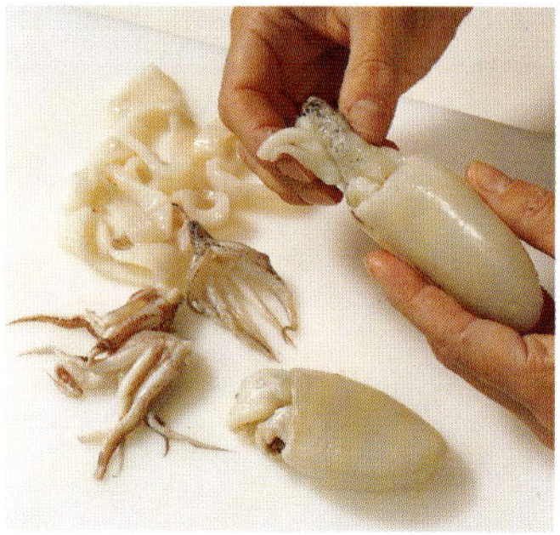

2. Die Tintenfische, falls nötig, ausnehmen, waschen und trockentupfen. Die küchenfertigen Tintenfische in Ringe schneiden.

3. Die Muscheln waschen und entbarten. Die Paprikaschote putzen und in schmale Streifen schneiden. Das Olivenöl in einer Paellapfanne (etwa 36 cm Durchmesser) oder in zwei großen Bratpfannen erhitzen. 2 Knoblauchzehen schälen, halbieren, kurz fritieren, dann wieder herausnehmen.

4. Die Hähnchenstücke, die Würstchen, die Tintenfische, das Schweine- und das Lammfleisch bei mittlerer Hitze im Öl anbraten. Die Zwiebel und die restliche Knoblauchzehe fein hacken und mit der Paprika in die Pfanne geben. Alles etwa 5 Minuten braten.

5. Den Reis dazugeben und anziehen lassen, bis er glasig wird. Die Bohnen und die Erbsen waschen, frisches Gemüse putzen.

6. Die Tomaten häuten und kleinschneiden. Mit dem gewürfelten Fisch und dem Tomatenpüree unter die Paella mischen. Nach etwa 3 Minuten das Wasser oder die Brühe dazugießen und die Bohnen, Erbsen und Artischockenherzen darauf verteilen. Mit Salz, Pfeffer und dem Safran würzen.

7. Die Scampi oder Garnelen auf den Reis legen und die Muscheln am Rand verteilen. Die Paella etwa 15 Minuten kochen lassen. Eventuell den Reis etwas nachwürzen. Nicht mehr umrühren, sondern die Pfanne von Zeit zu Zeit bei beiden Henkeln oder am Stiel fassen und leicht rütteln. Der Reis soll nicht verkochen und eher trocken sein.

8. Die fertige Paella sofort in der Pfanne servieren.

Varianten:

Paella catalana

Die Paella wird wie beschrieben zubereitet, aber das Schweine- und Lammfleisch wird durch etwas mehr Hähnchen oder Kaninchen ersetzt und anstelle der Muscheln werden Schnecken verwendet. Meistens werden auch breite Bohnen anstelle der grünen Prinzeßbohnen verwendet. Die Paella wird dann zusätzlich mit Rosmarin abgeschmeckt.

Paella Campesina

Ein Rezept aus Andalusien. Das Hähnchen in Stücke schneiden, anbraten, dann Schinkenwürfel und Scheiben von Paprikawurst zufügen. Halbweich dünsten, dann die Zwiebeln und den Reis beifügen und fertiggaren.

Paella del mar

Das Fleisch weglassen und nur Fisch, Tintenfisch, Muscheln und Krustentiere verwenden.

Reis nach kubanischer Art

Arroz a la Cubana

Zutaten für 4 Personen:
500 g Tomaten
6 Eßl. Olivenöl, kaltgepreßt
Salz
schwarzer Pfeffer, frisch gemahlen
1 Prise Zucker
2 Knoblauchzehen
80 g Speck, durchwachsen
400 g Reis
3/4 l Hühnerbrühe
4 kleine Bananen
2 Eßl. Mehl
6 frische Eier

Preiswert

Pro Portion etwa:
3900 kJ/930 kcal
23 g Eiweiß · 48 g Fett
85 g Kohlenhydrate

- Zubereitungszeit: etwa 45 Minuten

1. Die Tomaten häuten, entkernen, kleinschneiden und in 1 Eßlöffel von dem Olivenöl in etwa 5 Minuten zu Mus kochen. Mit etwas Salz, Pfeffer und dem Zucker abschmecken.

2. Den Knoblauch schälen und mit dem Speck fein hacken. 2 Eßlöffel von dem Olivenöl erhitzen und den Knoblauch mit dem Speck kurz anbraten. Den Reis dazugeben und unter Rühren etwa 3 Minuten dünsten. Mit der Brühe ablöschen, mit Salz und Pfeffer abschmecken und etwa 15 Minuten garen.

3. Die Bananen schälen, zuerst quer, dann längs halbieren. In dem Mehl und in 2 verquirlten Eiern wenden. Die Bananen in 1 Eßlöffel Öl goldgelb braten. In dem restlichen Olivenöl 4 Spiegeleier braten. Mit etwas Salz und Pfeffer würzen.

4. Den Reis abgießen, abtropfen lassen und anrichten. Die Sauce darauf verteilen und das Gericht mit den Eiern und den Bananen servieren.

Tip!

Knoblauchfans streuen in Olivenöl geröstete Knoblauchscheibchen über den Reis.

Schwarzer Reis

Arroz negro

Zutaten für 4 Personen:
400 g kleine Tintenfische, mit Tintensack
3 große Tomaten
1 rote oder 1 grüne Paprikaschote
3 Eßl. Olivenöl, kaltgepreßt
2 große Zwiebeln
1 Knoblauchzehe
350 g Rundkornreis
3/4 l Wasser oder Gemüsebrühe
Salz
schwarzer Pfeffer, frisch gemahlen
1–2 Eßl. trockener Sherry

Raffiniert

Pro Portion etwa:
2200 kJ/520 kcal
23 g Eiweiß · 17 g Fett
77 g Kohlenhydrate

- Zubereitungszeit: etwa 50 Minuten

1. Die Tintenfische putzen. Die Tintensäcke vorsichtig entfernen, damit sie nicht beschädigt werden. Die Tintenfische waschen, größere Exemplare längs halbieren.

2. Die Tomaten häuten, halbieren, entkernen und kleinschneiden. Die Paprikaschote putzen und würfeln. Das Olivenöl in einem großen Topf erhitzen. Die Zwiebeln schälen, hacken und mit der Paprikaschote etwa 3 Minuten im Öl braten.

3. Die Tintenfische dazugeben. Den Knoblauch schälen, durchpressen und mit den Tomaten hinzufügen. Alles etwa 10 Minuten eindicken lassen. Den Reis dazugeben und gut umrühren. Mit dem heißen Wasser oder der Gemüsebrühe auffüllen. Den Backofen auf 200° vorheizen.

4. Die Tintensäcke der Tintenfische über einem Gefäß öffnen und soviel Tinte zum Reis geben, bis er schwarz ist. Den Reis weitere 15 Minuten garen, dann kräftig mit Salz, Pfeffer und dem Sherry abschmecken.

5. Den Reis in eine Tonform füllen, in den ausgeschalteten Backofen stellen und etwa 10 Minuten trocknen lassen.

Im Bild oben: Reis nach kubanischer Art
Im Bild unten: Schwarzer Reis

Meerbrasse aus Madrid

Besugo a la madrileña

Zutaten für 4 Personen:
1 küchenfertige Meerbrasse
(800 g – 1 kg)
4 Eßl. Olivenöl, kaltgepreßt
Salz
schwarzer Pfeffer, frisch gemahlen
1 Bund Petersilie
2 Zwiebeln
2 Eßl. Paniermehl
2 Knoblauchzehen
1 Gewürznelke
1/8 l Weißwein
1/2 Zitrone

Für Gäste · Ganz einfach

Pro Portion etwa:
1900 kJ/450 kcal
39 g Eiweiß · 22 g Fett
15 g Kohlenhydrate

- Zubereitungszeit: etwa 40 Minuten

1. Den Fisch waschen und trockentupfen. 2 Eßlöffel von dem Olivenöl in eine feuerfeste Form gießen. Den Fisch innen und außen salzen und pfeffern, beidseitig mehrmals schräg einschneiden und in die Form legen. Mit Wasser aufgießen, bis die Meerbrasse zur Hälfte in der Flüssigkeit liegt.

2. Die Petersilie waschen und hacken. Die Zwiebeln schälen und ebenfalls hacken. Das Paniermehl mit der Petersilie und den Zwiebeln mischen. Den Knoblauch schälen und dazupressen. Den Backofen auf 180° vorheizen.

3. Das restliche Olivenöl in einer kleinen Bratpfanne mit der Gewürznelke erhitzen. Die Nelke entfernen und das Öl zu der Zwiebelmischung geben. Den Wein unterrühren und die Masse mit etwas Salz und Pfeffer abschmecken. Die Zitrone in dünne Scheiben schneiden.

4. Die Form für etwa 10 Minuten in den Backofen (Mitte) stellen, dann herausnehmen und die Zitronenscheiben in die am Fisch angebrachten Einschnitte stecken. Die Sauce darüber gießen und den Fisch weitere 15 Minuten überbacken.

Goldbrasse in Salzkruste

Dorada a la sal

Zutaten für 4 Personen:
21/2 kg grobes Meersalz
(gibt es im Reformhaus)
1 ungeschuppte Goldbrasse
(800 g – 1 kg)
1 Zitrone
2 Eßl. Olivenöl, kaltgepreßt
Pfeffer aus der Mühle

Schnell

Pro Portion etwa:
1400 kJ/290 kcal
36 g Eiweiß · 11 g Fett
3 g Kohlenhydrate

Zubereitungszeit: etwa 30 Minuten

1. Den Boden einer großen, ovalen Tonform mit einer 3 cm hohen Salzschicht belegen. Den Fisch ausnehmen, aber nicht schuppen, kalt ausspülen, abtrocknen und auf die Salzschicht legen. Das restliche Salz darauf verteilen und gut andrücken. Mit 1–2 Eßlöffeln Wasser besprengen.

2. Den Backofen auf 250° vorheizen. Die Form in den Backofen stellen (Mitte) und den Fisch zugedeckt etwa 20 Minuten backen. Dann aus dem Backofen nehmen und noch etwa 5 Minuten stehen lassen.

3. Die Salzkruste ringsherum mit einem spitzen Messer lösen. Den Fisch servieren. Am Tisch die Haut abziehen, das obere Filet von der Mittelgräte ablösen und Portionen abheben. Dann die Mittelgräte entfernen, das untere Filet herausnehmen, von der Haut befreien und ebenfalls in Portionen teilen. Die Fischstücke mit dem Olivenöl und dem Zitronensaft beträufeln und mit Pfeffer aus der Mühle bestreuen.

Bild oben: Meerbrasse aus Madrid
Bild unten: Goldbrasse in Salzkruste

Seehecht mit grüner Sauce

Merluza a la vasca

Zutaten für 4 Personen:
4 Scheiben Seehecht
Salz
schwarzer Pfeffer, frisch gemahlen
1 Eßl. Mehl
1 große Zwiebel
2 große Knoblauchzehen
200 g Miesmuscheln
4 Eßl. Olivenöl, kaltgepreßt
4 Eßl. Weißwein
150 g grüne Erbsen, frisch oder tiefgekühlt
8 Spargelspitzen, frisch oder aus der Dose
1 Eßl. Zitronensaft
1 Bund Petersilie

Raffiniert

Pro Portion etwa:
1800 kJ/430 kcal
38 g Eiweiß · 22 g Fett
14 g Kohlenhydrate

- Zubereitungszeit: etwa 40 Minuten

Tip!

Unbedingt alle Muscheln wegwerfen, deren Schalen beschädigt sind oder sich beim Kochen nicht öffnen.

1. Die Fischscheiben waschen und abtrocknen. Mit etwas Salz und Pfeffer einreiben und in dem Mehl wenden. Die Zwiebel und den Knoblauch schälen und hacken.

2. Die Muscheln waschen, entbarten und in 1/8 l Wasser zugedeckt kochen, bis sich die Schalen öffnen. Die Zwiebel und den Knoblauch in dem Öl anbraten. Den Fisch zugeben und etwa 8 Minuten bei schwacher Hitze garen.

3. Den Fisch herausnehmen und die Muscheln abgießen. Den Sud mit dem Wein zu den Zwiebeln geben, nach etwa 3 Minuten die Erbsen und nach weiteren 5 Minuten den Spargel unterheben. Das Gemüse zugedeckt bei schwacher Hitze etwa 5 Minuten garen.

4. Die Erbsen und die Spargelspitzen herausheben, mit dem Fisch und den Muscheln anrichten und warm stellen. Die Sauce abschmecken und den Zitronensaft mit dem Schneebesen unterrühren. Den Fisch mit der Sauce und mit der gewaschenen und gehackten Petersilie servieren.

Forelle nach Art der Pyrenäen

Truchas al estilo del Pirineo

Zutaten für 4 Personen:
4 küchenfertige Forellen
(je etwa 250 g)
1 rote Paprikaschote
6 Eßl. Olivenöl, kaltgepreßt
200 g roher Schinken
1 kleine scharfe Pfefferschote
Salz
schwarzer Pfeffer, frisch gemahlen
1 Knoblauchzehe
2 Eßl. Weinessig

Schnell

Pro Portion etwa:
3100 kJ/740 kcal
58 g Eiweiß · 54 g Fett
4 g Kohlenhydrate

- Zubereitungszeit: etwa 30 Minuten

Variante:
In der Gegend von Navarra füllt man die Forellen mit einer Scheibe rohem Schinken. Dann die Fische salzen, pfeffern, in Mehl wenden und in Olivenöl beidseitig etwa 10 Minuten braten.

1. Die Forellen waschen und trockentupfen. Die Paprikaschote putzen, würfeln und in 1 Eßlöffel von dem Olivenöl bei mittlerer Hitze etwa 10 Minuten braten. Vom Herd nehmen und etwas abkühlen lassen.

2. Den Schinken und die Pfefferschote kleinschneiden und zu den Paprikaschotenwürfeln geben. Alles gut miteinander vermischen. Den Backofen auf 220° vorheizen.

3. Die Forellen mit der Paprika-Schinken-Mischung füllen. 1 Eßlöffel von dem Olivenöl in eine feuerfeste Form gießen. Die Fische salzen, pfeffern und in die Form legen. Die Knoblauchzehe schälen, neben die Forellen legen und alles mit dem restlichen Olivenöl begießen. Im Backofen (Mitte) etwa 12 Minuten braten.

4. Die Forellen anrichten und warm stellen. Den Essig zum Bratenfond geben, eventuell mit etwas Salz abschmecken und die Mischung über den Forellen verteilen.

Seeteufel nach Fischerart

Rape a la marinera

Zutaten für 4 Personen:
1 Zwiebel
3 Knoblauchzehen
1 Möhre
300 g Fischgräten oder -köpfe
4 Scheiben Seeteufel, ohne Haut und ohne Gräten (oder Kabeljau)
Saft von 1/2 Zitrone
1 Eßl. Mehl
2 Eßl. Olivenöl, kaltgepreßt
500 g geschälte Tomaten, frisch oder aus der Dose
200 g Erbsen, frisch oder tiefgekühlt
1 Eßl. gemischte Kräuter (Thymian, Rosmarin, Majoran)
1/2 Teel. Paprikapulver, edelsüß
50 ccm Weißwein
1 Prise Zucker
Salz
weißer Pfeffer, frisch gemahlen
1 Prise Safran
1/2 Bund Petersilie

Gelingt leicht

Pro Portion etwa:
1600 kJ/380 kcal
43 g Eiweiß · 12 g Fett
21 g Kohlenhydrate

- Zubereitungszeit: etwa 50 Minuten

1. Die Zwiebel und die Knoblauchzehen schälen, die Möhre putzen, waschen und ebenfalls schälen. Die Fischgräten oder -köpfe mit der Zwiebel, 1 Knoblauchzehe und der Möhre in etwa 300 ml Wasser zugedeckt bei mittlerer Hitze etwa 15 Minuten kochen.

2. Die Fischscheiben mit dem Zitronensaft beträufeln und etwa 10 Minuten zugedeckt im Kühlschrank marinieren. Mit Küchenkrepp abtupfen und mit dem Mehl bestäuben. Das Olivenöl erhitzen und den Fisch beidseitig bei mittlerer Hitze etwa 5 Minuten braten.

3. Die Tomaten, die Erbsen, die Kräuter und das Paprikapulver zum Fisch geben und etwa 5 Minuten dünsten. Dann mit 6 Eßlöffeln von dem passierten Fischsud und dem Wein ablöschen und weitere 5 Minuten bei schwacher Hitze dünsten. Mit dem Zucker, Salz und Pfeffer und dem Safran würzen.

4. Die Petersilie waschen und hacken, den restlichen Knoblauch durchpressen. Den Fisch mit der Petersilie und dem Knoblauch bestreuen und sofort servieren.

Fisch im Ofen

Pescado al horno

Zutaten für 4 Personen:
400 g Kartoffeln
800 g Steinbutt (oder Wolfsbarsch oder Goldbrasse)
Salz
schwarzer Pfeffer, frisch gemahlen
1/8 l Olivenöl, kaltgepreßt
200 ccm Sherry, trocken
2 Zitronen
500 g kleine Tomaten
2 große Zwiebeln
1 Bund Petersilie

Für Gäste

Pro Portion etwa:
2500 kJ/600 kcal
37 g Eiweiß · 35 g Fett
24 g Kohlenhydrate

- Zubereitungszeit: etwa 45 Minuten

1. Die Kartoffeln waschen, schälen und in feine Scheiben schneiden. In wenig Wasser etwa 10 Minuten kochen. Den Backofen auf 200° vorheizen.

2. Den Fisch mit etwas Salz und Pfeffer würzen und mit 4 Eßlöffeln von dem Olivenöl in eine feuerfeste Form legen. Etwa 10 Minuten im Backofen (Mitte) braten. Dann mit dem Sherry begießen und die Kartoffeln hinzufügen. Die Zitronen waschen, in sehr dünne Scheiben schneiden und ebenfalls zugeben. Alles noch etwa 10 Minuten braten.

3. Die Tomaten häuten, halbieren und in 1 Eßlöffel von dem Olivenöl etwa 3 Minuten dünsten. Die Zwiebeln schälen, in Scheiben schneiden und in dem restlichen Olivenöl anbraten.

4. Sobald der Fisch und die Kartoffeln gar sind, die Form aus dem Backofen nehmen und mit den Zwiebeln, den Tomaten und der gewaschenen und gehackten Petersilie garnieren. Den Fisch sehr heiß servieren.

Im Bild oben: Seeteufel nach Fischerart
Im Bild unten: Fisch im Ofen

Fritierte Calamares

Calamares a la romana

Am besten schmecken natürlich frische Tintenfische. Sie können aber auch tiefgefrorene verwenden.

Zutaten für 4 Personen:
150 g Mehl
1/4 l Weißwein, trocken
1 Teel. Salz
2 große, küchenfertige Tintenfische
Saft von 1 Zitrone
Salz
schwarzer Pfeffer, frisch gemahlen
1 Eiweiß
Öl zum Fritieren

Gelingt leicht

Pro Portion etwa:
1800 kJ/430 kcal
27 g Eiweiß · 17 g Fett
30 g Kohlenhydrate

- Zubereitungszeit: etwa 2 Stunden 35 Minuten (davon 2 Stunden Ruhezeit)

1. Das Mehl, den Weißwein und das Salz in eine Schüssel geben und mit dem Schneebesen glattrühren. Die Masse zugedeckt etwa 2 Stunden ruhen lassen.

2. Die Tintenfische waschen und in Ringe schneiden. Mit dem Zitronensaft, etwas Salz und Pfeffer bestreuen und ebenfalls zugedeckt etwa 2 Stunden im Kühlschrank ruhen lassen.

3. Das Eiweiß sehr steif schlagen und vorsichtig unter den Teig heben. Das Öl in der Friteuse erhitzen. Die Tintenfischringe aus der Marinade nehmen, gut abtropfen lassen, durch den Teig ziehen und in etwa 3 Minuten goldgelb ausbacken. Sofort servieren.

Tip!
Wenn Sie die Calamares als Vorspeise servieren, können Sie das Rezept für 8 Personen verwenden.

Kleine Tintenfische vom Grill

Pulpitos a la plancha

Zutaten für 4 Personen:
400 g kleine, küchenfertige Tintenfische
2 Eßl. Olivenöl, kaltgepreßt
1 Bund Petersilie
4 Knoblauchzehen
1 Eßl. Zitronensaft
Salz
schwarzer Pfeffer, frisch gemahlen

Schnell

Pro Portion etwa:
920 kJ/220 kcal
18 g Eiweiß · 11 g Fett
12 g Kohlenhydrate

- Zubereitungszeit: etwa 20 Minuten

1. Die Tintenfische waschen und abtrocknen. Den heißen Grillrost mit Alufolie bespannen und etwas von dem Olivenöl daraufgießen. Dann die Tintenfische darauf verteilen und etwa 5 Minuten grillen, bis sie sich rötlich färben. Ab und zu wenden und dabei das restliche Öl auf die Tintenfische geben.

2. Die Petersilie waschen, trockenschütteln und hacken. Den Knoblauch schälen und hacken. Beides gut mischen.

3. Sobald die Tintenfische leicht braun werden, diese vom Grill nehmen und anrichten. Dann mit dem Zitronensaft beträufeln und kräftig mit Salz und Pfeffer würzen. Zuletzt die Petersilien-Knoblauch-Mischung auf den Tintenfischen verteilen.

Tip!
Die Tintenfische lassen sich auch in einer großen Bratpfanne braten. Bei größeren Tintenfischen schneiden Sie den Körper in Ringe und halbieren oder vierteln die Fangarme. Die Grillzeit muß dann entsprechend verlängert werden, bis die Tintenfische weich sind.

Bild oben: Fritierte Calamares
Bild unten: Kleine Tintenfische vom Grill

Muscheln nach katalanischer Art

Mejillones a la Catalana

Zutaten für 4 Personen:
2 kg Miesmuscheln
1 große Zwiebel
4 Knoblauchzehen
100 ccm Olivenöl, kaltgepreßt
4 Tomaten
1/2 Lorbeerblatt
1 Eßl. Cognac
Salz
schwarzer Pfeffer, frisch gemahlen
1/2 Teel. Paprikapulver, edelsüß

Schnell

Pro Portion etwa:
2300 kJ/550 kcal
51 g Eiweiß · 32 g Fett
10 g Kohlenhydrate

- Zubereitungszeit: etwa 25 Minuten

1. Die Muscheln waschen und entbarten. Die Zwiebel und den Knoblauch schälen und fein hacken.

2. In einer großen Pfanne das Olivenöl erhitzen. Die Zwiebel und den Knoblauch darin bei mittlerer Hitze etwa 3 Minuten braten. Die Tomaten kurz in kochendheißes Wasser legen, häuten und vierteln. Die Tomaten leicht auspressen, die Kerne entfernen und das Fruchtfleisch kleinschneiden. Mit dem Lorbeerblatt in die Pfanne geben und etwa 5 Minuten mitdünsten. Das Mus mit dem Cognac, etwas Salz und Pfeffer und dem Paprikapulver abschmecken.

3. Die geputzten Muscheln dazugeben und zugedeckt bei starker Hitze garen, bis sich die Schalen öffnen. Noch geschlossene Muscheln wegwerfen. Die Muscheln anrichten, mit der Sauce übergießen und erkalten lassen.

Muscheln mit gelber Sauce

Almejas con salsa amarilla

Zutaten für 4 Personen:
2 kg Muscheln (zum Beispiel Venus- oder Teppichmuscheln)
3 Eßl. Olivenöl, kaltgepreßt
1 große Zwiebel
1/4 l Weißwein, trocken
Salz
schwarzer Pfeffer, frisch gemahlen
1 Bund Petersilie
1/2 Teel. Kurkumapulver
1 Prise Safran
6 Knoblauchzehen

Für Gäste

Pro Portion etwa:
2300 kJ/600 kcal
32 g Eiweiß · 16 g Fett
17 g Kohlenhydrate

- Zubereitungszeit: etwa 3 Stunden (davon 2 1/2 Stunden zum Wässern)

1. Die Muscheln etwa 2 1/2 Stunden in kaltes Wasser legen, das Wasser dabei mehrmals wechseln.

2. Das Olivenöl in einem hohen Topf erhitzen. Die Zwiebel schälen, hacken und in dem Olivenöl etwa 3 Minuten braten. Die Muscheln, den Wein, etwas Salz und reichlich Pfeffer dazugeben. Zugedeckt bei starker Hitze garen, bis sich die Schalen öffnen. Inzwischen die Petersilie waschen und hacken. Die fertigen Muscheln in ein Sieb gießen und den Sud auffangen.

3. Den Kurkuma, den Safran, die Petersilie und den geschälten Knoblauch in einem Mörser zerstoßen. Den Muschelsud durch ein feines Sieb passieren und nach und nach ein wenig Sud zu den Gewürzen geben. Den restlichen Muschelsud inzwischen etwas einkochen lassen.

4. Die Sauce aus dem Mörser mit dem Sud mischen und abschmecken. Die Muscheln hinzufügen und erwärmen, aber nicht mehr kochen.

Im Bild oben: Muscheln nach katalanischer Art
Im Bild unten: Muscheln mit gelber Sauce

Lammkeule aus Kastilien

Pierna de cordero asado a la castellana

Zutaten für 6 Personen:
2 Knoblauchzehen
1 Eßl. Olivenöl, kaltgepreßt
50 g Schweineschmalz
1 Eßl. Paprikapulver, edelsüß
1/2 Teel. Kümmel
1/2 Teel. Oregano
1 Teel. Rosmarin
Salz
schwarzer Pfeffer, frisch gemahlen
1 Lammkeule (etwa 1,5 kg)
1 Zwiebel
1 Lorbeerblatt
1/8 l Weißwein, trocken
1/4 l Wasser
3 Zitronen

Für Gäste

Pro Portion etwa:
2900 kJ/690 kcal
46 g Eiweiß · 55 g Fett
3 g Kohlenhydrate

- Zubereitungszeit: etwa 1 Stunde

Tip!

Dieses Gericht gelingt noch besser, wenn Sie die Lammkeule auf einen drehbaren Bratenspieß stecken. Die genaue Bratzeit hängt von der Größe der Lammkeule ab, am besten benutzen Sie daher ein Fleischthermometer.

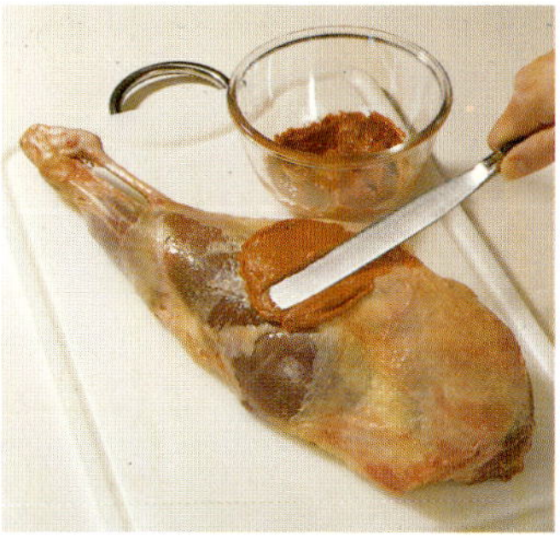

1. Den Knoblauch schälen und durchpressen. Das Olivenöl und das Schweineschmalz mit dem durchgepreßten Knoblauch, dem Paprikapulver, dem Kümmel, dem Oregano, dem Rosmarin, Salz und Pfeffer mischen. Die Lammkeule mit der Paste einreiben. Den Backofen auf 250° vorheizen.

2. Die Zwiebel schälen und mit dem Lorbeerblatt, dem Wein und dem Wasser in eine feuerfeste Form oder auf ein Backblech geben. Die Form in den Backofen (unten) stellen.

3. Die Lammkeule im Backofen (Mitte) etwa 30 Minuten braten, dann die Fleischsauce in einem Topf auf dem Herd in etwa 10 Minuten einkochen. Die Keule weitere 10 Minuten braten und etwa 10 Minuten im ausgeschalteten Backofen stehen lassen.

4. Die Zwiebel und das Lorbeerblatt entfernen und die gegarte Lammkeule mit der Sauce anrichten. Die Zitronen waschen, halbieren und zum Lamm servieren.

Kalbfleisch mit Paprikaschoten

Estufado de ternera con pimientos

Zutaten für 4 Personen:
1 große Aubergine
Salz
600 g Kalbfleisch, von der Schulter
3 Eßl. Olivenöl, kaltgepreßt
1 große Zwiebel
1 rote Paprikaschote
1 grüne Paprikaschote
2 Eßl. Tomatenpüree
je 1 Teel. Thymian, Rosmarin, Majoran, gehackt
1 Lorbeerblatt
1/4 l Rotwein, trocken
schwarzer Pfeffer, frisch gemahlen
3 Knoblauchzehen
1 Prise Safran
1 Eßl. geschälte Mandeln
1 kleine rote, scharfe Pfefferschote
100 g Rinds- oder Schweineleber
3 Eßl. Fleischbrühe
400 g Kartoffeln (am besten neue)

Braucht etwas Zeit

Pro Portion etwa:
1600 kJ/380 kcal
42 g Eiweiß · 6 g Fett
27 g Kohlenhydrate

- Zubereitungszeit: etwa 2 Stunden

1. Die Aubergine waschen, schälen und in etwa 1 cm dicke Scheiben schneiden. Mit Salz bestreuen, etwa 10 Minuten ziehen lassen, auspressen, trockentupfen und würfeln. Das Kalbfleisch in etwa 2 1/2 cm große Würfel schneiden. Das Öl erhitzen und die Aubergine mit dem Fleisch unter Wenden etwa 15 Minuten braten.

2. Den Backofen auf 160° vorheizen. Die Zwiebel schälen und hacken. Die Paprikaschoten putzen und in Streifen schneiden. Das Tomatenpüree, die Zwiebel und die Paprikaschoten zum Fleisch geben. Die Kräuter hinzufügen und etwa 5 Minuten dünsten. Den Wein zugeben.

3. Die Mischung in eine feuerfeste Form geben, abschmecken und im Backofen (Mitte) etwa 40 Minuten schmoren. Den Knoblauch schälen und hacken. Mit dem Safran, den Mandeln, der entkernten Pfefferschote und der kleingeschnitteenen Leber im Blitzhacker zu einer Paste verarbeiten. Etwas Fleischbrühe zufügen.

4. Die Kartoffeln schälen, halbieren, zum Eintopf geben und alles 30 Minuten schmoren. Nach 20 Minuten die Lebermischung dazugeben. Das Fleisch und die Kartoffeln anrichten und warm stellen. Die Sauce eventuell noch etwas einkochen, dann darüber gießen.

Reisgericht mit Kaninchen

Arroz con conejo

Ähnliche Gerichte kommen in ganz Spanien wöchentlich mindestens einmal auf den Familientisch.

Zutaten für 4 Personen:
1,4 kg Kaninchenstücke (mit Knochen)
4 Eßl. Olivenöl, kaltgepreßt
200 g Räucherspeck, durchwachsen
2 große Zwiebeln
400 g Rundkornreis
1 l Fleischbrühe
1/2 Dose Pimientos morrones (geschälte Paprikaschoten in Salzlake) oder 2 kleine rote Paprikaschoten
200 g Erbsen, frisch oder tiefgekühlt
Salz
schwarzer Pfeffer, frisch gemahlen

Gelingt leicht

Pro Portion etwa:
5900 kJ/1400 kcal
89 g Eiweiß · 81 g Fett
68 g Kohlenhydrate

- Zubereitungszeit: etwa 1 Stunde

1. Das Kaninchenfleisch waschen, abtrocknen und von den Knochen lösen. Das Fleisch in etwa 3 cm große Stücke schneiden. Eine große Bratpfanne (oder am besten eine Paellapfanne) erhitzen und das Olivenöl hineingeben. Die Kaninchenstücke in dem heißen Öl unter mehrmaligem Wenden bei mittlerer Hitze etwa 10 Minuten braten.

2. Den Speck sehr klein würfeln und in einer separaten Pfanne ohne Fett knusprig braten. Die gerösteten Speckwürfel und das Kaninchenfleisch aus den beiden Pfannen nehmen und beiseite stellen.

3. Das Bratfett des Specks zum Bratöl des Kaninchens geben. Die Zwiebeln schälen, fein hakken und in dem Fett goldgelb braten. Den Reis dazugeben, gut umrühren und mit etwa 3/4 l von der Fleischbrühe aufgießen. Das Kaninchenfleisch und den Speck ebenfalls hinzufügen.

4. Den Kaninchenreis unter gelegentlichem Umrühren bei schwacher Hitze etwa 20 Minuten garen. Nach Bedarf mehrmals von der restlichen Fleischbrühe nachgießen. Den Backofen auf 240° vorheizen.

5. Die eingelegten Paprikaschoten abtropfen lassen und in feine Streifen schneiden. Oder die frischen Paprikaschoten putzen, waschen und in Streifen schneiden. Die Paprikaschoten mit den Erbsen unter den Kaninchenreis mischen und alles mit etwas Salz und Pfeffer abschmecken. Die Paellapfanne zuletzt für etwa 5 Minuten in den Backofen (Mitte) stellen, dann sofort servieren.

6. Falls Sie keine feuerfeste Pfanne verwendet haben, das Reisgericht vorher in eine geeignete Form umfüllen und dann in den Backofen stellen.

Variante:
Je nach Region – und nach den gerade vorhandenen Vorräten – variieren die Zutaten dieses Gerichts sehr. Oft nimmt man anstelle der Erbsen auch grüne Bohnen und mischt zusätzlich 1–2 kleingeschnittene Tomaten darunter. Bei dieser Variante wird der Reis außerdem noch mit 1 Prise Safran gewürzt.

Tip!

Falls Sie keine eingelegten Paprikaschoten bekommen, können Sie auch frische nehmen und diese kleinschneiden.

Gerichte mit Kaninchen stehen in der spanischen Küche ganz oben auf der Beliebtheitsskala.

Brathähnchen mit Gemüse

Pollo en xanfaina

Zutaten für 4 Personen:
1 Brathähnchen (etwa 1 kg)
6 Eßl. Olivenöl, kaltgepreßt
Salz
schwarzer Pfeffer, frisch gemahlen
400 g Auberginen
300 g kleine Zucchini
3 große Zwiebeln
4 große Tomaten
2 Knoblauchzehen
1 Lorbeerblatt
2 Scheiben Toastbrot
100 ccm Sherry

Gelingt leicht

Pro Portion etwa:
3000 kJ/710 kcal
57 g Eiweiß · 45 g Fett
19 g Kohlenhydrate

- Zubereitungszeit: etwa 1 Stunde

1. Das Hähnchen in 8 Stücke teilen. 2 Eßlöffel von dem Olivenöl erhitzen, die Teile darin etwa 5 Minuten braten, dann herausnehmen und mit Salz und Pfeffer einreiben.

2. Die Auberginen und die Zucchini putzen, waschen und in etwa 1 cm große Würfel schneiden. Die Zwiebeln schälen und würfeln. Die Tomaten häuten, vierteln, entkernen und kleinschneiden. Den Backofen auf 180° vorheizen.

3. 2 Eßlöffel von dem Olivenöl zum Bratenfond geben. Das gesamte Gemüse hinzufügen. Den Knoblauch schälen, hakken und mit dem Lorbeerblatt sowie etwas Salz und Pfeffer dazugeben. Das Gemüse etwa 10 Minuten braten, dann mit dem Hähnchen in eine feuerfeste Form geben und mit dem Sherry begießen.

3. Das Hähnchen im Backofen (Mitte) etwa 30 Minuten schmoren, die ersten 10 Minuten mit Alufolie abdecken. Die Toastbrote in 4 Rechtecke schneiden und im restlichen Olivenöl kurz rösten. Zum Brathähnchen servieren.

Huhn mit Mandelsauce

Gallina en pepitoria

Zutaten für 4 Personen:
2 Eier
1 großes Brathähnchen (1,5 kg)
1 große Zwiebel
4 Knoblauchzehen
100 g roher Schinken
6 Eßl. Olivenöl, kaltgepreßt
1 Scheibe Weißbrot (vom Vortag)
12 geschälte Mandeln
1 Teel. Zitronensaft
1/2 l Hühnerbrühe
1 Prise Nelkenpulver
1 Lorbeerblatt, Salz
schwarzer Pfeffer, frisch gemahlen
1 Messerspitze Safran

Raffiniert

Pro Portion etwa:
4100 kJ/980 kcal
88 g Eiweiß · 65 g Fett
11 g Kohlenhydrate

- Zubereitungszeit: etwa 1 Stunde

1. Die Eier hart kochen, abschrecken und schälen. Das Huhn in 8 Stücke teilen. Die Zwiebel und den Knoblauch schälen, die Zwiebel hacken. Den Schinken würfeln.

2. Das Öl erhitzen und das Brot, die Mandeln und 1 Knoblauchzehe darin goldgelb braten. Dann alles herausnehmen und abtropfen lassen. Im gleichen Öl die Zwiebeln anbraten. Nach etwa 3 Minuten das Hähnchen und den Schinken dazugeben und mit dem Zitronensaft und der Brühe übergießen. Mit dem Nelkenpulver, dem Lorbeerblatt, Salz und Pfeffer würzen. Das Hähnchen zugedeckt bei schwacher Hitze etwa 25 Minuten garen.

3. Das Brot, die Mandeln und den restlichen kleingeschnittenen Knoblauch im Mörser zerstoßen. Den Safran hinzufügen. Die Eier halbieren, die Eigelbe durch ein Sieb drücken und dazugeben. Mit 1–2 Eßlöffeln von der Brühe zu einer Paste verrühren.

4. Das Hähnchen herausnehmen und den Sud um etwa ein Drittel einkochen. Das Lorbeerblatt entfernen. Die Paste unterrühren und den Sud mit Salz und Pfeffer abschmecken. Die Hähnchenteile wieder dazugeben und kurz erwärmen.

Bild oben: Brathähnchen mit Gemüse
Bild unten: Huhn mit Mandelsauce

Hähnchen mit Langusten

Pollo con langosta

Diese etwas gewagte Kombination entspringt nicht etwa der »neuen Küche«, sondern hat an der spanischen Mittelmeerküste durchaus Tradition. Das leicht süßliche Aroma der Languste verträgt sich sehr gut mit dem Hähnchenfleisch und der originell gewürzten Sauce.

Zutaten für 4 Personen:
1 Brathähnchen (etwa 1 kg)
2 Langustenschwänze, frisch oder tiefgekühlt
4 Tomaten
2 Zwiebeln
2 Eßl. Olivenöl, kaltgepreßt
8 Knoblauchzehen
50 g Räucherspeck, durchwachsen
1/8 l Weißwein, trocken
1 Prise Zimtpulver
1 Prise Safran
1 Zweig Selleriekraut
1 Teel. Rosmarin
Salz
schwarzer Pfeffer, frisch gemahlen
3 Eßl. Cognac
8 geschälte Mandeln
100 g Hühnerleber
10 g bittere Schokolade

Raffiniert

Pro Portion etwa:
2900 kJ/690 kcal
65 g Eiweiß · 40 g Fett
10 g Kohlenhydrate

- Zubereitungszeit: etwa 1 Stunde 10 Minuten

1. Das Hähnchen waschen, abtrocknen und in 8 Teile zerlegen. Dafür das Hähnchen zuerst mit einem scharfen Messer halbieren. Dann Flügelstücke und Schenkel vom Körper abtrennen und die Schenkel in Ober- und Unterschenkel trennen.

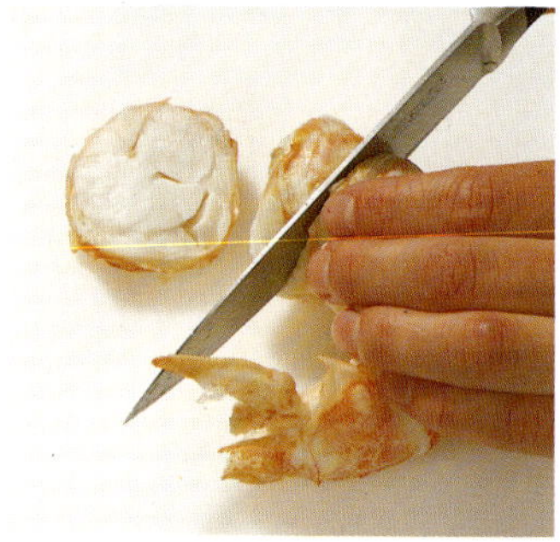

2. Die Langustenschwänze in Stücke schneiden. Die Tomaten einritzen, kurz in kochendheißes Wasser tauchen und häuten. Die Zwiebeln schälen und fein hacken. Die Hähnchenteile in dem Olivenöl bei mittlerer Hitze von allen Seiten etwa 5 Minuten braten, dann aus der Pfanne nehmen.

3. 4 Knoblauchzehen schälen. Den Knoblauch mit den Langustenstücken in den Bratenfond geben und etwa 3 Minuten braten. Die Langustenstücke und den Knoblauch herausnehmen und beiseite stellen.

4. Die Tomaten, die Zwiebeln und den gewürfelten Speck im Fond etwa 5 Minuten braten. Die Hähnchenteile mit dem Weißwein und den Gewürzen zufügen und etwa 15 Minuten zugedeckt garen. Die Langustenstücke und den Cognac dazugeben und alles weitere 10 Minuten garen.

5. Inzwischen die Mandeln, die 4 gebratenen und die 4 rohen Knoblauchzehen, die Hühnerleber und die in Stücke geschnittene Schokolade im Mörser zu einer dunklen Paste zerstampfen. Oder im Mixer mit etwas Schmorsaft des Hähnchens pürieren.

6. Die Hähnchenteile und die Langustenstücke aus der Pfanne nehmen, portionsweise anrichten und warm stellen.

7. Den Schmorsaft bei starker Hitze einkochen lassen. Die Paste aus dem Mörser zur Sauce geben, gut unterrühren und alles etwa 3 Minuten köcheln lassen.

8. Die Sauce mit etwas Salz und Pfeffer abschmecken und über den Hähnchenteilen und den Langustenstücken verteilen. Sofort servieren.

Tip!

Wenn Sie lebende Langusten verwenden, diese noch ganz etwa 3 Minuten in stark kochendes Wasser geben und erst dann zerlegen. In Spanien nimmt man für die Sauce auch gerne mehrere Arten von Schokolade. Diese Art der Saucenzubereitung brachten die spanischen Eroberer aus Mexiko in ihre Heimat.

Variante:
Sie können die Langustenschwänze auch durch Scampi oder Hummer ersetzen.

Schweinsfüße mit Pinienkernen

Pies de cerdo con piñones

Zutaten für 4 Personen:
2 Zwiebeln · 1 Lorbeerblatt
6 Schweinsfüße
2 Eßl. Mehl · 2 Eier
2 Eßl. Butter
4 Eßl. Olivenöl, kaltgepreßt
50 g Pinienkerne
500 g Tomaten
2 Eßl. Tomatenpüree
0,2 l Fleischbrühe
Salz
schwarzer Pfeffer, frisch gemahlen
2 Knoblauchzehen
5 Mandeln
1 Cracker oder 1 Eßl. Paniermehl
1 Prise Safran

Braucht etwas Zeit

Pro Portion etwa:
3100 kJ/740 kcal
21 g Eiweiß · 59 g Fett
30 g Kohlenhydrate

- Zubereitungszeit: etwa 21/2 Stunden

1. 1 Zwiebel schälen, mit dem Lorbeerblatt spicken und mit den Schweinsfüßen in 1/2 l Wasser etwa 45 Minuten kochen. Abgießen und den Sud aufbewahren. Die Schweinsfüße aufschlitzen und die Hauptknochen entfernen. In dem Mehl und in den verquirlten Eiern wenden.

2. Die Butter und 3 Eßlöffel Öl erhitzen. Die Schweinsfüße darin etwa 5 Minuten braten, dann die Pinienkerne dazugeben.

3. Den Backofen auf 190° vorheizen. Die Tomaten häuten, die restliche Zwiebel schälen und hacken. Beides zum Fleisch geben und etwa 5 Minuten dünsten. Das Tomatenpüree und die Brühe (3 Eßlöffel zurückbehalten) hinzufügen und die Sauce mit Salz, Pfeffer und dem durchgepreßten Knoblauch würzen. Alles in eine feuerfeste Form umfüllen und etwa 11/4 Stunden zugedeckt im Backofen garen.

4. Die Mandeln schälen, mit dem Cracker feinreiben und mit dem Safran und dem restlichen Olivenöl mischen. Die restliche Brühe unterrühren. Die Masse über die Schweinsfüße geben und diese noch etwa 5 Minuten im Backofen stehen lassen.

Kutteln nach Madrider Art

Callos a la madrileña

Zutaten für 6 Personen:
400 g vorgekochte Kutteln
400 g Kalbsfüße und
400 g Kalbskopf
1/4 l Weißwein, trocken
Salz
1 Lorbeerblatt
einige schwarze Pfefferkörner
1 Gewürznelke
50 g roher Schinken
3 Eßl. Olivenöl, kaltgepreßt
3 große Zwiebeln
300 g Lauch
3 Möhren
1 Teel. Paprikapulver
250 g Tomaten aus der Dose
200 g spanische Paprikawurst

Braucht etwas Zeit

Pro Portion etwa:
2200 kJ/520 kcal
31g Eiweiß · 42 g Fett
8 g Kohlenhydrate

- Zubereitungszeit: etwa 3 Stunden

1. Die Kutteln in etwa 1 cm breite Streifen schneiden. Den Kalbskopf und die Kalbsfüße in Salzwasser etwa 30 Minuten vorkochen. Die Kalbsfüße aufschneiden und die Knochen entfernen. Den Kalbskopf und die -füße in Streifen schneiden.

2. Das Fleisch mit dem Wein in eine Kasserolle geben und mit Wasser bedecken. Etwas Salz, das Lorbeerblatt, die zerdrückten Pfefferkörner und die Nelke hinzufügen. Alles etwa 1 Stunde garen. Den Schinken in Streifen schneiden und in dem Öl anbraten. Die Zwiebeln hacken und kurz mitbraten. Den Lauch und die Möhren putzen, waschen, kleinschneiden und dazugeben. Würzen und zugedeckt etwa 5 Minuten garen. Den Backofen auf 190° vorheizen.

3. Das Gemüse mit den Tomaten zu dem Fleisch geben. Die Paprikawurst in Scheiben schneiden und dazugeben. Alles im Backofen (Mitte) etwa 1 Stunde garen.

Bild oben: Schweinsfüße mit Pinienkernen
Bild unten: Kutteln nach Madrider Art

Auberginen mit Käse

Berenjenas con queso

Zutaten für 4 Personen:
6 mittelgroße Auberginen
Salz
1 große Zwiebel
4 Eßl. Olivenöl, kaltgepreßt
3 Eier
3–4 Eßl. Paniermehl
50 g geriebener Ziegenkäse
schwarzer Pfeffer, frisch gemahlen
1 Prise Muskatnuß, frisch gerieben
3 Prisen Zimtpulver
Öl zum Fritieren

Raffiniert

Pro Portion etwa:
1400 kJ/330 kcal
10 g Eiweiß · 28 g Fett
10 g Kohlenhydrate

- Zubereitungszeit: etwa 1 Stunde

1. Die Auberginen schälen, längs halbieren und in Salzwasser etwa 10 Minuten kochen. Dann herausnehmen und 2 der Auberginen fein hacken. Die restlichen Auberginen aushöhlen und das Auberginenfleisch ebenfalls hacken.

2. Die Zwiebel schälen, hacken und in dem Olivenöl anbraten. Das Auberginenfleisch zugeben und etwa 10 Minuten braten. Dann vom Herd nehmen.

3. Ein Ei verquirlen und mit dem Auberginenpüree mischen. Das Paniermehl und den Käse zugeben und das Püree würzen. Die Auberginenhälften mit der Masse füllen. Die restlichen Eier verquirlen, die Auberginenhälften darin wenden, dann durch das Mehl ziehen. Genügend Öl in einer Pfanne erhitzen und die Auberginen in etwa 5 Minuten ausbacken.

Auberginenköpfchen

Pastel de berenjenas

Zutaten für 4 Personen:
60 g Crackers
2 rote Paprikaschoten
500 g Auberginen
1 Tomate · 2 Zwiebeln
3 Eßl. Olivenöl, kaltgepreßt
Salz
schwarzer Pfeffer, frisch gemahlen
2 Eigelb · 6 Eßl. Milch
1 Prise Zimtpulver
Olivenöl für die Förmchen

Raffiniert

Pro Portion etwa:
1200 kJ/290 kcal
6 g Eiweiß · 20 g Fett
20 g Kohlenhydrate

- Zubereitungszeit: etwa 1 3/4 Stunden

1. Die Crackers im Mörser zerstoßen. Die Paprikaschoten waschen, putzen und würfeln. Die Auberginen waschen, halbieren und so in breiten Streifen schälen, daß die Schale intakt bleibt. Das Auberginenfleisch würfeln. Die Tomate häuten und kleinschneiden. Die Zwiebeln schälen und hacken.

2. Das Olivenöl erhitzen. Die Zwiebel anbraten, dann die Auberginenwürfel zufügen. Nach etwa 3 Minuten auch die Paprika und die Tomate dazugeben. Das Gemüse abschmecken und in etwa 20 Minuten zu Mus kochen.

3. Das Gemüse etwas abkühlen lassen und im Mixer pürieren. Die Eigelbe mit der Milch verrühren, unter das Püree mischen und mit dem Zimt würzen.

4. Kleine irdene Förmchen oder Souffléförmchen mit etwas Öl ausstreichen. Etwas zerstoßene Crackers hineingeben und die Förmchen so drehen, daß auch die Wände mit Bröseln überzogen sind. Etwa 3/4 der restlichen Brösel unter das Püree rühren. Den Backofen auf 180° vorheizen.

5. Die Förmchen mit der Haut der Auberginen auslegen, diese leicht überstehen lassen und mit etwas Öl bepinseln. Das Püree in die Förmchen geben und mit den restlichen Bröseln bestreuen. Die Häute auf die Füllung zurückbiegen. Die Förmchen in eine mit Wasser gefüllte Bratform stellen und in etwa 25 Minuten im Backofen (Mitte) garen. Dann noch etwa 3 Minuten im Wasserbad stehen lassen. Die Auberginenköpfchen auf Teller stürzen. Dazu paßt Tomatensauce.

Im Bild oben: Auberginen mit Käse
Im Bild unten: Auberginenköpfchen

Spinat mit Rosinen und Pinienkernen

Espinacas con pasas y piñones

Diese raffinierte Beilage stammt aus Barcelona.

Zutaten für 4 Personen:
2 Eßl. kleine Rosinen oder Sultaninen
100 g Rohschinken
800 g zarter Blattspinat
Salz
3 Eßl. Olivenöl, kaltgepreßt
1–2 Eßl. Pinienkerne
schwarzer Pfeffer, frisch gemahlen

Gelingt leicht

Pro Portion etwa:
1400 kJ/330 kcal
10 g Eiweiß · 29 g Fett
10 g Kohlenhydrate

- Zubereitungszeit: etwa 1 Stunde 35 Minuten (davon 1 1/2 Stunden Quellzeit für die Rosinen)

1. Die Rosinen oder die Sultaninen etwa 1 1/2 Stunden in lauwarmes Wasser legen. Den Schinken in sehr kleine Würfel schneiden. Den Spinat waschen, dabei die Stiele entfernen. Den Spinat gut abtropfen lassen, in einen hohen Topf geben, mit etwas Salz bestreuen und ohne Zugabe von Flüssigkeit zugedeckt bei schwacher Hitze aufkochen lassen. Nach etwa 3 Minuten abgießen und gut ausdrücken.

2. Das Olivenöl in einer großen Bratpfanne erhitzen und den Schinken hineingeben. Unter ständigem Wenden bei schwacher Hitze kurz anbraten, dann den Spinat zugeben und garen, bis alle Flüssigkeit verdampft ist. Die Rosinen gut abtropfen lassen und mit den Pinienkernen zufügen. Alles gut mischen und mit wenig Salz und viel Pfeffer abschmecken.

Tip!

Anstelle von Spinat können Sie auch Mangoldblätter verwenden.

Bohnen und Erbsen aus Mallorca

Verdura con huevos a la mallorquina

Zutaten für 4 Personen:
250 g Erbsen, frisch oder tiefgekühlt
250 g breite grüne Bohnen
1 große Zwiebel
2 kleine Kartoffeln
2 Eßl. Olivenöl, kaltgepreßt
6 Scheiben spanische Paprikawurst
1 Knoblauchzehe
1/4 l Fleischbrühe
4 Eier
Salz
schwarzer Pfeffer, frisch gemahlen
1 Prise Zimtpulver
1 Prise Nelkenpulver

Raffiniert

Pro Portion etwa
1800 kJ/430 kcal
21 g Eiweiß · 30 g Fett
21 g Kohlenhydrate

- Zubereitungszeit: etwa 1 Stunde

1. Frische Erbsen enthülsen. Die Bohnen entfädeln und mit der Hülse quer in etwa 3 cm lange Stücke schneiden. Die Zwiebel schälen und hacken. Die Kartoffeln waschen, schälen und in etwa 1/2 cm dicke Scheiben schneiden.

2. Das Olivenöl in einem großen Topf erhitzen. Die Zwiebel und die Wurstscheiben hineingeben und etwa 3 Minuten braten. Den Knoblauch schälen und die ganze Zehe mit den Bohnen zufügen. Kurz anziehen lassen. Die Kartoffeln dazumischen und alles mit der Fleischbrühe ablöschen. Das Gemüse zugedeckt etwa 30 Minuten bei schwacher Hitze garen. Dann die Erbsen hinzufügen und alles etwa 10 Minuten weitergaren.

3. Inzwischen die Eier in etwa 8 Minuten hart kochen, kalt abschrecken, schälen und längs halbieren. Das Gemüse mit etwas Salz, Pfeffer, dem Zimt und dem Nelkenpulver abschmecken. Das Gemüse mit den Eiern garnieren.

Bild oben: Spinat mit Rosinen und Pinienkernen
Bild unten: Bohnen und Erbsen aus Mallorca

Gefüllte Paprikaschoten

Pimientos rellenos guipuzcoanos

Zutaten für 4 Personen:
3 Eßl. Olivenöl, kaltgepreßt
150 g Schweinehackfleisch
150 g Rinderhackfleisch
200 ccm Milch
1 Brötchen
1 Zwiebel
1 Knoblauchzehe
Salz
schwarzer Pfeffer, frisch gemahlen
4 kleine Paprikaschoten
200 ccm Sherry

Braucht etwas Zeit

Pro Portion etwa:
1100 kJ/260 kcal
21 g Eiweiß · 11 g Fett
17 g Kohlenhydrate

- Zubereitungszeit: etwa 1 Stunde 20 Minuten

1. In einer Pfanne 2 Eßlöffel von dem Olivenöl erhitzen. Das Hackfleisch darin bei schwacher Hitze etwa 5 Minuten braten.

2. In einem Topf die Milch erwärmen. Das Brötchen in Stükke schneiden und mit der lauwarmen Milch begießen. Sobald es aufgeweicht ist, das Brötchen gut ausdrücken und durch ein Sieb streichen. Die Zwiebel schälen, hacken, zum Fleisch geben und kurz mitbraten. Das Brot untermischen. Die Knoblauchzehe schälen und fein hacken. Die Masse mit dem Knoblauch und etwas Salz und Pfeffer würzen. Den Backofen auf 200° vorheizen.

3. Die Paprikaschoten waschen, putzen und die Deckel abschneiden. Den Stielansatz dabei ganz lassen. Eine feuerfeste Form mit etwas Olivenöl ausstreichen. Die Paprikaschoten mit der Masse füllen und hineinsetzen. Ringsum das restliche Öl verteilen und die Deckel wieder aufsetzen. Im Backofen (Mitte) etwa 45 Minuten braten, bis die Haut der Schoten braune Flecken bekommt. Dabei immer wieder mit dem Bratensaft begießen.

4. Die Form aus dem Ofen nehmen, den Sherry zugießen und die gefüllten Paprikaschoten dann in weiteren 8 Minuten fertigbacken.

Auberginen mit Honig

Berenjenas con miel

Zutaten für 4 Personen:
2 Eier
4–5 Eßl. Mehl
Salz
schwarzer Pfeffer, frisch gemahlen
2 mittelgroße Auberginen
4 Eßl. Olivenöl, kaltgepreßt
100 g Honig

Raffiniert

Pro Portion etwa:
1900 kJ/450 kcal
8 g Eiweiß · 30 g Fett
36 g Kohlenhydrate

- Zubereitungszeit: etwa 1 Stunde 35 Minuten (davon 1 Stunde Ruhezeit für den Teig)

1. Die Eier verquirlen und mit dem Mehl mischen. Nach und nach etwas kaltes Wasser zufügen, bis ein leicht flüssiger Teig entsteht. Den Teig salzen und pfeffern und zugedeckt etwa 1 Stunde ruhen lassen.

2. Die Auberginen waschen und den Stielansatz entfernen. Die Auberginen ungeschält in etwa 1/2 cm dicke Scheiben schneiden. In einem Topf etwa 1 l leicht gesalzenes Wasser zum Kochen bringen, die Auberginenscheiben hineingeben, etwa 3 Minuten kochen, dann abgießen.

3. Die Auberginenscheiben mit Küchenkrepp trockentupfen, in wenig Mehl wenden, dann durch den Teig ziehen. In einer großen Pfanne das Olivenöl erhitzen und die Auberginen portionsweise beidseitig in etwa 3 Minuten hellbraun ausbacken. Die Auberginen auf Küchenkrepp abtropfen lassen, auf einer Platte anrichten und jede Scheibe mit etwas Honig bestreichen. Sofort servieren.

Im Bild oben: Gefüllte Paprikaschoten
Im Bild unten: Auberginen mit Honig

Gebratene Bananen

Platanos fritos

Zutaten für 4 Personen:
6 kleine kanarische Bananen oder
4 große der üblichen Sorten
50 g Butter
2 Eßl. Zucker
1/2 Teel. Zimtpulver
1/4 l Moscatel (spanischer Muskateller) oder anderer Dessertwein

Schnell

Pro Portion etwa:
1300 kJ/310 kcal
2 g Eiweiß · 11 g Fett
40 g Kohlenhydrate

- Zubereitungszeit: etwa 15 Minuten

1. Die Bananen schälen. Kleine Bananen ganz lassen, große längs halbieren. Die Butter erhitzen, aber nicht braun werden lassen.

2. Die Bananen mit dem Zucker bestreuen und in der Butter bei schwacher Hitze in etwa 5 Minuten hellbraun braten. Die Bananen mit dem Zimt bestreuen, mit dem Wein begießen und etwa 5 Minuten bei schwacher Hitze offen kochen.

3. Die Bananen portionsweise anrichten und mit dem warmen Saft begießen.

Katalanische Creme

Crema catalana

Zutaten für 4 Personen:
1 Eßl. Speisestärke · 1/2 l Milch ·
1 Vanilleschote · 4 Eigelb ·
100 g Zucker · 1/2 Zimtstange
Zucker zum Karamelisieren

Preiswert

Pro Portion etwa:
1400 kJ/330 kcal
11 g Eiweiß · 17 g Fett
35 g Kohlenhydrate

- Zubereitungszeit: etwa 35 Minuten

1. Die Speisestärke in 2–3 Eßlöffeln Milch auflösen. Die restliche Milch mit der aufgeschlitzten Vanilleschote zum Kochen bringen. Die Eigelbe und den Zucker cremig schlagen. Die Milch unterrühren.

2. Die Creme in den Topf füllen. Die aufgelöste Speisestärke und die Zimtstange hinzufügen. Die Creme unter ständigem Rühren erwärmen, bis sie gebunden ist. Die Vanilleschote und die Zimtstange entfernen.

3. Die Creme in eine Puddingform geben und in den Kühlschrank stellen. Vor dem Servieren etwas Zucker in wenig Wasser erhitzen, bis er karamelisiert. Die gestürzte Creme damit überziehen.

Aprikosencreme

Crema de albaricoques

Zutaten für 4 Personen:
1 Eßl. gehackte Mandeln
500 g sehr reife Aprikosen
50 g Puderzucker
125 g Sahne

Gelingt leicht

Pro Portion etwa:
990 kJ/240 kcal
3 g Eiweiß · 13 g Fett
27 g Kohlenhydrate

- Zubereitungszeit: etwa 25 Minuten

1. Die gehackten Mandeln in einer Bratpfanne ohne Fett kurz rösten. Die Aprikosen waschen, entsteinen, vierteln und häuten. Die Viertel im Mixer pürieren.

2. Das Aprikosenpüree mit dem Puderzucker mischen. Die Sahne steif schlagen und mit unter das Püree heben.

3. Die Creme in Dessertschalen verteilen und mit den Mandeln bestreuen. Sofort servieren oder bis zum Essen in den Kühlschrank stellen.

Im Bild oben: Gebratene Bananen
Im Bild Mitte: Aprikosencreme
Im Bild unten: Katalanische Creme

Feigenkuchen mit Mandeln

Tarta de higos con almendras

Zutaten für eine Springform
von 26 cm Ø:
500 g Blätterteig, tiefgefroren
200 g gemahlene Mandeln
150 g Zucker
2 Eiweiß
500 g reife Feigen
2 Eigelb
Öl für die Form

Raffiniert

Bei 12 Stück pro Stück etwa:
1300 kJ/310 kcal
7 g Eiweiß · 19 g Fett
31 g Kohlenhydrate

- Zubereitungszeit: etwa 1 Stunde 10 Minuten

1. Den Blätterteig aus der Pakkung nehmen und etwas antauen lassen. Die Mandeln mit dem Zucker mischen und die Eiweiße unterrühren. Die Feigen waschen und den Stielansatz entfernen. Die Früchte schälen und halbieren.

2. Die Springform mit etwas Öl ausstreichen. Den Blätterteig auf einer Arbeitsfläche ausrollen, die Form damit auslegen und einen etwa 3 cm breiten Teigrand ansetzen. Mit einer Gabel mehrmals einstechen. Den restlichen Blätterteig beiseite stellen. Den Backofen auf 230° vorheizen.

3. Die Hälfte der Mandel-Zukker-Mischung auf dem Teig verstreichen. Die Feigen mit der Schnittfläche nach unten darauf verteilen. Zuletzt die restliche Mandelmischung daraufgeben.

4. Den restlichen Blätterteig in etwa 1 cm breite Streifen ausrädeln und diese gitterartig auf dem Kuchen verteilen. Die Eigelbe verquirlen und das Teiggitter zweimal damit bestreichen. Den Kuchen im Backofen (Mitte) 25–30 Minuten backen. Eventuell nach etwa 15 Minuten mit Folie abdecken. Den Kuchen warm servieren.

Apfelkuchen mit Cognac

Tarte de manzaña al coñac

Zutaten für eine Springform
von 26 cm Ø:
300 g Blätterteig, tiefgefroren
1 kg Äpfel, zum Beispiel Boskop
3 Eier
100 g Zucker
3 Eßl. spanischer Cognac oder
Branntwein
150 g gemahlene Mandeln
150 g Aprikosenmarmelade
Öl für die Form

Gelingt leicht

Bei 12 Stück pro Stück etwa:
1400 kJ/330 kcal
6 g Eiweiß · 18 g Fett
35 g Kohlenhydrate

- Zubereitungszeit: etwa 1 Stunde

1. Den Blätterteig aus der Pakkung nehmen und etwas antauen lassen. Die Äpfel schälen, das Kerngehäuse ausstechen und die Äpfel in etwa 1/2 cm dicke Ringe schneiden. Den Backofen auf 220° vorheizen.

2. Den Blätterteig ausrollen. Die Springform mit dem Öl ausstreichen, mit dem Teig auslegen und einen etwa 3 cm breiten Rand ansetzen. Die Eier, 5 Eßlöffel von dem Zucker und 2 Eßlöffel von dem Cognac schaumig rühren, dann die Mandeln untermischen.

3. Die Eimasse auf dem Teigboden verstreichen. Die Apfelringe halbieren und dachziegelartig darauf verteilen. Die Äpfel mit dem restlichen Zucker bestreuen und den Kuchen im Backofen (Mitte) etwa 20 Minuten backen.

4. Die Marmelade in einem kleinen Topf dick einkochen. Dann durch ein Sieb streichen und mit dem restlichen Cognac mischen. Den Kuchen aus dem Ofen nehmen und die Äpfel mit der Marmelade bestreichen. Den Kuchen nochmals in den Backofen stellen und in etwa 10 Minuten fertigbacken. Lauwarm oder abgekühlt servieren.

Bild oben: Feigenkuchen mit Mandeln
Bild unten: Apfelkuchen mit Cognac

Zum Gebrauch
Damit Sie Rezepte mit bestimmten Zutaten noch schneller finden können, stehen in diesem Register zusätzlich auch beliebte Zutaten wie Auberginen oder Tintenfische – ebenfalls alphabetisch geordnet und halbfett gedruckt – über den entsprechenden Rezepten.

Umschlag-Vorderseite:
Die spanische Küche ist nicht denkbar ohne die berühmte Paella (Rezept Seite 28), die es in unzähligen reizvollen Variationen gibt.

CIP-Kurztitelaufnahme der Deutschen Bibliothek:
Spanisch kochen: Original-Rezepte, die leicht gelingen, und Interessantes über die Küche Spaniens / Marianne Kaltenbach. (Die Farbfotos gestalteten Odette Teubner und Kerstin Mosny).
– 1. Auflage – München: Gräfe und Unzer, 1991.
(GU Küchen-Ratgeber)
ISBN 3-7742-1098-5
NE: Kaltenbach, Marianne; Teubner Odette

1. Auflage 1991

Redaktion: Martina Reigl
Layout: Ludwig Kaiser
Typographie: Robert Gigler
Herstellung: Robert Gigler
Fotos: Odette Teubner,
H. Rademacker (Seite 6)
Kerstin Mosny
Umschlaggestaltung:
Heinz Kraxenberger
Satz: GSD, München
Reproduktionen:
Greineder, München
Druck: Appl, Wemding
Bindung: R. Oldenbourg
ISBN: 3-7742-1098-5

Marianne Kaltenbach
schreibt seit über 20 Jahren Kochbücher, die mehrmals von der Gastronomischen Akademie Deutschlands prämiert wurden. Daneben veröffentlicht sie in verschiedenen Zeitschriften regelmäßig Artikel zu kulinarischen Themen. Marianne Kaltenbach ist Mitbesitzerin einer privaten Kochschule und hält auch selbst immer wieder Kochkurse ab.

Odette Teubner
wurde durch ihren Vater, den international bekannten Food-Fotografen Christian Teubner, ausgebildet. Heute arbeitet sie ausschließlich im Studio für Lebensmittelfotografie Teubner. In ihrer Freizeit ist sie begeisterte Kinderporträtistin – mit dem eigenen Sohn als Modell.

Kerstin Mosny
besuchte eine Fachhochschule für Fotografie in der französischen Schweiz. Danach arbeitete sie als Assistentin bei verschiedenen Fotografen, unter anderem bei dem Food-Fotografen Jürgen Tapprich in Zürich. Seit März 1985 arbeitet sie im Fotostudio Teubner.